Michael

A Sala Mental dos Espelhos

UMA NOVA TÉCNICA DE AUTOTERAPIA

Tradução
OCTAVIO MENDES CAJADO

EDITORA PENSAMENTO
São Paulo

Título do original:
Mental Room of Mirrors
Self-Therapy Technique

Most Primal Therapy Technique
Known to Heal & Transform Self

Russ Michael
4352 Klam
Achatzberg-7
Austria, Europe

Edição	Ano
1-2-3-4-5-6-7-8-9	98-99-00

Direitos de tradução para a língua portuguesa
adquiridos com exclusividade pela
EDITORA PENSAMENTO LTDA.
Rua Dr. Mário Vicente, 374 — 04270-000 — São Paulo, SP
Fone: 272-1399 — Fax: 272-4770
E-MAIL: pensamento@snet.com.br
http://www.pensamento-cultrix.com.br
que se reserva a propriedade literária desta tradução.

Impresso em nossas oficinas gráficas.

SUMÁRIO

INTRODUÇÃO

Muito pouco se tem conhecido, compreendido e publicado a respeito da natureza da realidade do nosso espelho universal — além dos trabalhos de Tesla, de Walter Russell e de outros cientistas ou médiuns profundamente espirituais.

Depois de absorver o que li, procurei expressar aqui meu próprio conhecimento do princípio do espelho universal, de hologramas e da realidade do sonho de um modo que o leitor comum possa compreender. Quando você tiver completado a leitura deste volume, saberá por que místicos, videntes e grandes *mestres* se têm referido à nossa realidade aparentemente real e tridimensional, como maia ou ilusão. Você compreenderá como e por que sonhadores, sonhos, hologramas e estruturas atômicas se uniram para produzir este grandioso palco da Terra centrado num vasto céu ilimitado, em que os sonhos são seguidos, feitos e vitalizados. E também saberá por que um incrível "espetáculo" holográfico de luz pode persuadir, e persuade, nossos sentidos humanos de que o mundo físico que nos rodeia é *real* — quando, na verdade, é apenas um sonho.

Não obstante, os sonhos têm seu significado e seu propósito. Espero que, depois de ler e reler este livro pelo menos umas quatro vezes, você aprenda e conheça a arte de sonhar e a importância de dar vida a todos os singulares personagens do seu grande sonho terrestre. Em outras palavras, assim como você e eu fomos agraciados com o que conhecemos como vida consciente por um pai sonhador, nós também, por nossa vez, podemos dar uma vida plenamente consciente a formas, sejam elas quais forem, ou a novos e belos aspectos de vida a que decidimos dar uma existência multidimensional e tridimensional.

A técnica terapêutica da *sala dos espelhos* aqui apresentada é, com efeito, uma dádiva preciosíssima feita à humanidade. Eu a conheço bem e tenho prazer em poder transmiti-la à humanidade neste volume — e, especificamente, a você, leitor. Sugiro-lhe que estude bem esta informação e pratique o exercício da *sala dos espelhos* freqüentemente.

Sua mente humana o protege de uma sobrecarga quando algum assunto o leva a ir demasiado longe em busca da compreensão. Por conseguinte, ela só absorve cerca de vinte e cinco por cento do que você lê numa primeira leitura. É por isso que lhe faço esta sugestão: leia este volume pelo menos quatro vezes, e até mais, se assim o desejar. Quando o tiver absorvido plenamente, esse conhecimento será *seu*! Ele já não pertence a outrem, mas passou a ser, muito seguramente, seu! Aproveite-o!

A MENTE É TUDO

A mente é a força mestra que modela e faz
E o homem é mente, e cada vez mais empunha
O instrumento do pensamento e, afeiçoando o que quer,
Produz mil alegrias, mil males —
Reflete em segredo, e o que ele pensa acontece:
O ambiente nada mais é do que o seu espelho.

Anônimo

Somos feitos da matéria de que se fazem os sonhos,
e a nossa vidazinha é cercada de sono.

Shakespeare
A Tempestade, Ato 4, Cena 1

CAPÍTULO 1

SERÁ A VIDA UM MERO SONHO?

A literatura do mundo, no correr dos séculos, tem sugerido ou declarado que a vida não passa de um sonho. Ainda me recordo das palavras que eu costumava cantar quando criança: "Rema, rema, rema, leva o teu barco delicadamente pela corrente afora. Alegremente, alegremente, alegremente, alegremente, que *a vida não passa de um sonho*!"

Os aborígines maoris, na Austrália, vêm praticando o controle consciente do sonho há séculos; chamamlhe "caminhar pelos sonhos". Os sonhos são muito importantes para eles. As crianças aprendem muito cedo a enfrentar os "monstros" em seus "pesadelos". Usamse os sonhos como "veículos" conscientes para explorar o futuro ou os acontecimentos a distância.

Sei pessoalmente, sem qualquer sombra de dúvida, que a vida é apenas um sonho. Aos dezoito anos, passei por uma experiência de morte plenamente consciente. Embora já não houvesse nenhum sinal de vida em meu corpo físico, eu tinha consciência total de minha identidade. Lembrei-me da realidade física tridimensional e percebi que se tratava apenas de um sonho. Compreendi perfeitamente que minha realidade espiritual era "sólida", substancial, mas que meu corpo físico e o "mundo" físico aparentes, que eu acabara de deixar, eram simplesmente um sonho. Apesar disso, senti uma vontade muito grande de voltar ao corpo e continuar o sonho muito importante que estivera sonhando. Era apenas o meu grande e intensíssimo desejo de retornar à realidade tridimensional que me permitia a "volta" ao corpo já morto. Meu aparente renascimento milagroso de um estado de morte não tinha ligação alguma com os esforços frenéticos dos meus companheiros para ressuscitar-me. Tornei ao corpo e ao sonho particular de vida que hoje partilhamos coletivamente na Terra por simples efeito da minha vontade de "continuar sonhando". *A Fonte Universal* dá vida a grandes desejos!

Nunca lamentei essa minha vontade de retornar ao incrível "estado de sonho". Solucei literalmente de alegria durante vários minutos pelo meu "regresso" bem-sucedido a este belo mundo de sonho, que todos partilhamos hoje em dia na Terra. Levei muitos anos para compreender a enorme diferença que existe entre a genuína realidade espiritual e o esplêndido "espetáculo de luz" holográfico do sonho tridimensional que os sentidos nos induzem a aceitar e acreditar que seja real.

A compreensão inteligente só pode chegar a nós por meio da *reflexão* ou da *absorção*. Quando você simplesmente "reflete" alguma coisa, você não a "possui". O conhecimento ainda é atribuído à própria fonte, mas não a você. Ao refleti-lo, você diz: "Newton afirma, ou Einstein afirma, ou Michael afirma." O conhecimento do espelho exterior apenas reflete.

Por outro lado, quando absorve o conhecimento, *você* o possui. *Você* diz: "É assim que ele funciona." Você terá incorporado o conhecimento à sua própria base de dados do saber. Em lugar de apenas refleti-lo, você o absorveu, lenta ou rapidamente. Depois de ter sido possuído por você e embutido em sua realidade subatômica, ele nunca poderá ser-lhe tirado. Esse conhecimento forma outro fragmento da sabedoria total contida em seu ser espiritual a qualquer momento do sonho que todos sonhamos juntos.

Se se aprofundar nesse conhecimento, você mesmo o compreenderá e absorverá integralmente. Descobrirá com certeza absoluta que, se bem que *a vida seja apenas um sonho*, o sonho tem um grande propósito e um grande valor próprio.

Em vez de ver-se perdido no sonho, você descobrirá com muita alegria *o seu verdadeiro eu* — e não o espelho que reflete aquele que segue, obediente, seus sentidos físicos mal-orientados e amiúde grandemente iludidos. O sonho é real. Não é tão mortalmente sério quanto, não raro, nos convencemos de que é.

Depois que estiver totalmente acordado, você saberá como deixar para trás o caos e as ilusões de pesadelo. Em vez de ser aborrecida e triste, a vida será estimulante e divertida. Você estará no sonho, mas não lhe "pertencerá"! Será o observador consciente "encontrado" dentro do sonho, mas não a alma predestinada "perdida" dentro dele!

CAPÍTULO 2

O SONHADOR UNIVERSAL

Há muito, muito tempo, o *Algo* que evoluiu a partir do *Nada* cresceu e resultou no que podemos intitular tempo linear da *Grande e Única Inteligência Suprema.* Esse primeiro e leve movimento produziu um desequilíbrio e um efeito de pêndulo, ou o início de uma sucessão de ondas.

Finalmente, diferentes ciclos de ondas se encontraram, criando atrito e luminosidade. Tornaram-se possíveis, ao mesmo tempo, a autopercepção e o autoconhecimento. Para se "formar", a inteligência precisa, primeiro, estar contida numa área em que ondas luminosas batem em alguma coisa e principiam a registrar a percepção de que alguma coisa ou a *coisa* existe.

A vida como a conhecemos não existe pura e simplesmente, nem apenas como movimento. Somente quando o movimento é impedido por uma barreira ou contenção, o impacto e a sensibilidade podem ser registrados ou conhecidos pela onda de luz impactante. Quando uma quantidade suficiente de ondas de luz turbilhona e se entrechoca torna-se possível a primeira forma de inteligência. Essa inteligência aumenta rapidamente se um número suficiente de ondas luminosas que saltam ou refletem, criar vórtices triangulares giratórios ou formas cônicas que funcionam como recipientes. À proporção que as ondas contidas de luz continuam a cruzar-se, formam modelos de grades e de "*lay lines*" que, finalmente, formarão o que reconhecemos hoje como gânglios nervosos.

O primeiro cérebro universal da *Inteligência Suprema* formou-se, portanto, gradualmente, no correr de um sem-número de éons. Daí por diante, todos os cérebros — desde o da mais diminuta entidade de luz com alguma complexidade e os cérebros simples de insetos, plantas e criaturas animais, até o do nosso ser humano — seguiram exatamente o mesmo formato. Nosso cérebro é uma cópia ou reflexo minúsculo dentro do nosso universo especular, do primeiro cérebro universal formado pela *Inteligência Suprema.* Somos clones ou cópias especulares do *Algo* que veio do vácuo do *Nada.* Somos *Sonhadores Individuais* que sonhamos sonhos singulares dentro da mente inteligente do *Grande Sonhador.*

Depois que a inteligência universal se formou e tomou consciência do eu, principiou a "sonhar" ou a criar sonhos ou peças, utilizando réplicas de *Si Mesma* projetadas mentalmente em mundos dentro de mundos de extensões multidimensionais de tempo e espaço.

No curso dos acontecimentos, criou-se uma quantidade infinita e inexplicável de universos, que passaram a existir, incluindo este nosso universo único que contém a nós e a nossa imagem invertida da Terra e das formações de massa de grande diversidade, reverência e beleza.

Tudo o que percebemos erroneamente como "existente" por causa da dislexia sutil de nossos muitos sentidos foi literalmente sonhado e transformado em "realidade" pelo *Sonhador Universal*. Nossos sentidos, conveniente e obedientemente, nos induzem a pensar e sentir que estamos vivendo ou morando em nossos corpos humanos únicos, cercados por uma paisagem física densa e segura chamada Terra. Todos os movimentos aparentes estão apenas na nossa mente!

Somos literalmente os pensamentos vivos do *Sonhador Universal* que nos sonhou como uma porção do sonho da Terra. Todos os mundos ou realidades do sonho, sem exceção, foram sonhados e convertidos em percepção individual pela *Coisa*. Você e eu somos um rosto dentro de um rosto, *ad infinitum!*

Como você descobrirá antes de chegar ao fim deste volume, você e eu temos um propósito e um destino amedrontadores dentro desse sonho magnífico na Terra. Em algum ponto dele, despertaremos e sairemos do sonho dotados de suprema inteligência e supremo poder para virmos a ser, nós mesmos, criadores universais conscientes! Creio que você concorda comigo que se trata de um sonho que merece ser sonhado.

A mecânica e a física do que, de quem e do porquê

somos podem ser, e serão, compreendidas e logo conhecidas por todo o mundo na existência humana. Você é um fragmento da *Inteligência Suprema* que está a ponto de sair conscientemente do sonho para renascer na verdadeira realidade física, pela primeira vez, em toda a eternidade!

CAPÍTULO 3

O SONHADOR INDIVIDUAL

Como fragmentos vivos do *Sonhador Individual,* você e eu repetimos o mesmo processo criativo do sonho. Nossos sonhos de saúde, riqueza, prosperidade, fama e sucesso, em inúmeras tentativas diferentes, não ocorrem apenas em nossas horas de "vigília" durante o dia ou à noite, mas também, constantemente, durante nossos ciclos "de sono".

Muitas pessoas não se lembram de seus sonhos noturnos. Apesar disso, todos sonhamos, sem exceção, durante o estado de sono. Até o cético mais empedernido pode ser colocado num programa de auto-sugestão ou de auto-hipnose e acabar evocando uma lembrança consciente dos sonhos noturnos. Nossa herança comum consiste em sermos sonhadores conscientemente criativos.

Com efeito, podemos afirmar corretamente que o principal propósito dentro de cada um de nós é tornar nossos sonhos uma realidade *viva.* Podemos realmente dar substância e vida a qualquer coisa que se possa imaginar se nossos desejos e persistência forem suficientemente fortes. Inúmeros outros já o fizeram. Eu o fiz. Você pode fazê-lo — se é que já não o fez! Certa vez, usei conscientemente a auto-sugestão para criar uma linda amante de fantasia e, depois de algumas noites de esforço persistente, consegui materializá-la fisicamente e manter apaixonadas relações sexuais com ela durante toda uma longa noite de amor, para deleite dos nossos corações, o meu e o dela. Por fim, adormecemos em êxtase nos braços um do outro, e, quando "despertei" pela manhã, constatei que ela se desvanecera, mas a minha noite de amor apaixonado, deliciosamente partilhada, continua a ser para mim uma lúcida e preciosa lembrança até o dia de hoje — ou seja, vários anos depois.

Tudo o que precisei para dar vida à minha amante de fantasia foi a vívida construção na mente de sua beleza suave, feminina, nua, e um desejo muito forte de fazer amor com ela num nível físico consciente. Foram necessárias umas poucas noites de uma série de auto-sugestões e a abertura de "janelas de oportunidade" para que ela se materializasse em meus braços expectantes. A janela ou "ativador" que usei foi a sugestão de que eu adormeceria profundamente e seria despertado por um som natural súbito à noite. A essa altura, eu abriria conscientemente os olhos e a minha linda amante nua surgiria e se aninharia em meus braços abertos com um sorriso, pronunciando estas palavras: "Bem, aqui estou!"

Na terceira noite da minha intensa invocação e desejo, essa "visão" muito viva e muito linda materializou-se em meus braços daquela maneira exata e felicíssima. Seria ela real? Tão deliciosamente sólida, real e sensual quanto qualquer outro encontro sexual memorável que tive em minha vida!

Senti-me preparado para criar e dar vida a essa minha amante de fantasia ao ler um autor que descreveu minuciosamente o modo como ele deixara "alucinado" um enorme urso amistoso e brincalhão. Muito sólido e real para ele, o urso era invisível para os demais. E começou a ter vida própria durante certo período de tempo, "aparecendo" para ele nas ocasiões mais inesperadas. Visto ser-lhe muito difícil explicar o seu comportamento fora do comum, lutando com um urso invisível no meio de uma festa importante, ele finalmente decidiu sugerir a si mesmo a renúncia às suas relações sociais com o urso, demasiado brincalhão e imprevisível.

Pertencendo ao tipo de pessoas que querem provar as coisas a si mesmas, decidi que, se aquele autor conhecido era capaz de alucinar um urso muito consciente e verossimilmente real, vivo e tridimensional, e interagir de maneira plenamente sensual com um urso, eu seria capaz de fazer o mesmo. Em lugar do urso, entretanto, optei por um linda e "simples" amante de fantasia! Literalmente, dei vida à minha fantasia! Isto é, sem tirar nem pôr, o que você faz quando sonha com um desejo e uma visão do que quer *em sua vida cotidiana!*

Se, por exemplo, você se imaginar desejando criar um novo jornal em sua comunidade, dará ao seu jornal o nome que bem entender e com o qual tenha "sonhado". Em seguida, mandará imprimir uma porção de bonitos cartões comerciais com o seu nome e o do jornal a que você quer dar vida. Vai para o telefone, envia cartas e entra em contato com os homens de negócios locais, comunicando-lhes que o seu jornal será impresso no dia que você determinar. Junta o dinheiro dos anúncios deles, prepara um "boneco" bem-feito do primeiro número e leva-o a um impressor. Este imprime as páginas de acordo com suas instruções, faz o número de exemplares que você contratou com ele, e pronto! — nasceu o jornal com que você sonhou, com vida, nome e personalidade próprios! Ele continuará a viver e a crescer enquanto você ou qualquer outra pessoa o alimentar ou lhe emprestar vida consciente.

Se você decidir encerrar o sonho da existência ou da realidade do jornal, este deixará de existir. Quando qualquer sonhador desvia sua atenção do que está sonhando, a "entidade" criada no sonho morre e desaparece. Com uma única exceção: se tiver sido adotada ou se tiver vida própria suficiente, a entidade poderá individualizar-se e continuar a viver até independente do sonhador que lhe deu vida. A música de Beethoven ou as pinturas de Michelangelo são exemplos clássicos disso. Elas viveram para ser conhecidas e amadas por inúmeras gerações muito tempo depois de haver perecido o sonhador humano que lhes deu vida.

Se você pensar realmente em tudo isso, compreenderá que o seu propósito principal aqui, em forma humana como sonhador consciente, consiste em criar sonhos novos e singulares e em dar-lhes tanta vida quanto lhe for possível. A isto se chama viver! Você estará, de fato, plenamente vivo quando estiver aberto para novos sonhos e quando colocar neles o máximo que puder de si mesmo! Minha vida é intensamente jubilosa porque dou vida aos meus sonhos!

Você e eu somos sonhadores individuais. As únicas limitações para o seu sonho e para o meu são as que nós mesmos lhes impomos. O amor sem condições, a fartura e a alegria sem limites do universo inteiro são seu e meus para que os aproveitemos. A medida dos seus sonhos são unicamente suas decisões. Você foi generosa e incondicionalmente dotado do poder de dar vida a pequenos ou imensos sonhos universais fora do alcance e da compreensão dos outros. Só você pode pintar o seu sonho na tela universal. Ainda que outros queiram pintar sobre o seu sonho, não poderão fazê-lo — exatamente como você não poderá pintar o seu sonho sobre o deles. O seu sonho é só seu, as tristezas, alegrias e grandes triunfos criados por você são só seus.

O pai sonhador e seus muitos sonhadores individuais sobre a Terra criam coletivamente o rico pano de fundo existente de céus, auroras e ocasos, altas montanhas vestidas de neve, gigantescos oceanos de profundidade e amplitude imensas e continentes ricos de matas, vastas planícies cobertas de árvores, lagos, rios, catadupas e vales escondidos — uma terra carregada de todas as formas de plantas, insetos e animais que os criadores podem imaginar. Tudo o que nossos sentidos percebem tem sido magistralmente sonhado e convertido em rica realidade pelo nosso pai sonhador e por nós. Mantemos juntos, de forma coletiva, o sonho da Terra dando vida individualmente ao que *cada um* presencia. Trata-se, deveras, de um sonho magnífico e belo de uma terra ou de um lar planetário, diversíssimo, só possível através da mente antiga do nosso pai sonhador e da imensa hoste representada por nós, sonhadores *individuais*.

Quem, portanto, se atreveria a dizer que os sonhos são insignificantes ou que não são poderosos?

CAPÍTULO 4

O SONHO LÚCIDO

O melhor sonho que cada sonhador pode ter é o *sonho lúcido*. O que quer dizer que o sonho é aparentemente mais real do que os sonhos noturnos normais ou os devaneios espontâneos. Há um elemento de absoluta clareza na mente do sonhador. O sonho parece estar revestido de outras dimensões, e tudo o que é visto e sentido de algum modo pelo sonhador é inteiramente real.

Quase todos os sonhos clarividentes ou precognitivos que tive na minha vida têm sido extremamente lúcidos. Na sua mente, não há dúvida alguma de que um sonho lúcido é real. Num dos meus sonhos premonitórios e precognitivos (um dos muitos), tive um sonho muito vívido, em que eu estava descendo a alta estrada do monte Baldy, perto de Los Angeles. Eu dormira no Hotel Sierra Club e pretendia voltar para casa, em Los Angeles, na manhã seguinte.

No sonho, eu estava fazendo uma curva fechada montanha abaixo quando, com uma sensação de náusea, percebi que meu Cadillac perdera os freios. O sonho era muito lúcido e eu, imediatamente, fiz tudo o que me ocorreu à mente para desacelerar o carro na descida. Cheguei a entrar na folhagem da beira da estrada, na tentativa de diminuir-lhe o ímpeto, mas tudo em vão. Além de fechada, a curva era muito íngreme, e quando, afinal, consegui terminar a curva escarpada, vi uma nesga de céu azul à minha esquerda e compreendi que o carro transpusera a borda da rocha e que eu mergulhava rapidamente em direção à morte, de uma altura de mais de trezentos e trinta metros.

Logo em seguida, despertei do sonho, com o coração a bater com força e ouvindo uma voz calma dentro da minha cabeça que dizia, autoritária: "Tenha esse sonho outra vez!" Inadvertidamente, eu me sentara ereto na cama, ao despertar do sonho, na tentativa de refletir sobre ele.

Depois de pensar na sugestão, entretanto, coloquei a cabeça de novo no travesseiro e tive a impressão de ter adormecido quase instantaneamente, voltando a ter o mesmo sonho muito lúcido e desagradável. Eu estava adentrando a mesma curva fechada na descida da montanha quando percebi, mais uma vez, que os freios falharam e que eu estava ganhando velocidade ao fazer a curva.

Mais uma vez, atirei-me a todas as pequenas moitas e árvores que pude ver. O Cadillac ganhou velocidade, mas, desta vez, notei uma grande pilha de rochas mais adiante, à minha direita, e me dei conta de que aquela era a última oportunidade que se me oferecia de desacelerar o carro. Dirigi-o diretamente para as rochas e colidi com a pilha com muita força. O Cadillac saltou no ar, virou de banda, derrapou numa extensão de dezoito metros e acabou parando, ainda sobre as quatro rodas. Meu coração batia com força e, muito embora uma nuvem de poeira continuasse caindo, pulei para fora do carro com grande alívio. Eu podia ver o céu azul à minha esquerda e, enquanto caminhava, cauteloso, de lado, olhei para baixo, por cima do rochedo, e vi que havia uma grande distância dali até o leito do precipício lá embaixo.

Nesse ponto, despertei do sonho. Compreendi de imediato que ele fora precognitivo e que eu devia tomar cuidado para impedir que os freios do carro falhassem na viagem de volta para casa, na manhã seguinte. Quando me levantei, preparei o carro e desci, verificando os freios de quinze em quinze minutos, enquanto rodava pela estrada do Mt. Baldy na direção de Los Angeles.

Tudo estava ótimo, os freios funcionavam perfeitamente. Lembrei-me de verificá-los todas as vezes *antes* de entrar em qualquer curva íngreme morro abaixo, e foi o que fiz. Cerca de quinze minutos mais tarde entrei numa curva especialmente escarpada, e então me lembrei de que não verificara os freios. Tarde demais, eu já entrara na curva, e meu pé encostou no chão do automóvel. Os freios tinham falhado! Pela terceira vez se desenrolou a cena assustadora. Pus-me a abalroar pequenos arbustos e árvores à beira da estrada sem, contudo, conseguir diminuir, por pouco que fosse, a velocidade; em vez disso, o carro rodava cada vez mais depressa! Eu entrevia o céu azul à esquerda e, súbito, avistei a imensa pilha de rochas, à direita. Imediatamente me dirigi para ela. BUMBA!

O pesado Cadillac bateu na pilha de rochas, fazendo-as voar, saltou no ar e virou de lado. Derrapou numa extensão de uns dezoito metros e parou. Com o coração batendo forte e profundamente aliviado, saltei para fora do carro; depois de alguns momentos, caminhei com cuidado até a borda do rochedo e olhei para baixo. A distância até o fundo era, pelo menos, de uns trezentos e trinta metros. Agradeci ao "navegador espiritual", que eu agora conhecia como o Grande Sonhador, por me haver, tanto fora como dentro do meu ser, avisado com antecedência através do sonho lúcido — e por eu ter seguido o sábio conselho daquele Espírito Condutor e criado um desfecho diferente para o sonho, salvando meu corpo físico da morte *mais uma vez*.

Tenho agora perfeita consciência do poder de um sonho lúcido, e sempre dou uma atenção cuidadosa a qualquer sonho de clareza excepcional. Você descobrirá que todo e qualquer sonho que pareça inusitadamente real costuma ter uma importância genuína em sua vida.

Aparentemente despertos e aparentemente adormecidos, você e eu somos sonhadores, e, como Shakespeare sabia muito bem, os sonhos são a substância de que é feita a vida. Exploraremos melhor o assunto neste volume, quando tratarmos dos dois primeiros criadores diferentes em nosso universo, os criadores do sonho e os criadores da massa física. Estamos todos aprendendo a ser ambos antes de nos "graduarmos" nas lições da Terra.

CAPÍTULO 5

O PRINCÍPIO DO ESPELHO UNIVERSAL

Todo o universo gira, de quando em quando, à velocidade de um quadrilionésimo de segundo, formando uma partícula primária que proporciona o bloco de construção básico de todas as partículas subatômicas e atômicas na vasta onda do nosso universo.

Esse movimento imperceptível, ou deslizamento a partir de um nada, de um vazio ou zero absoluto na posição do universo baseia-se num efeito de espelho ou de pêndulo, que produz luz negra e luz branca ou, o que transparece sob nossa perspectiva humana física, um intercâmbio rítmico, equilibrado, e uma posição clara, visível, iluminada quando *aceso*, e uma posição escura ou invisível quando *apagado*.

Walter Russell, que escreveu o livro *The Secret of Light* e partilhou o seu profundo banco de conhecimentos com seu contemporâneo, o grande cientista e incrível inventor, Nikola Tesla, foi uma das primeiras mentes humanas relevantes a explorar e compreender o princípio do espelho, que constitui a base de toda formação da estrutura subatômica e atômica deste universo. A aparente divisão e multiplicação do equilíbrio do nosso universo em pressões elétricas especulares de radiação e gravitação constitui a própria pedra fundamental de um universo que muda constantemente. As ações de espelho radiais, projetadas dentro do nosso universo podem ser ilustradas de forma visível e vistas no livro já mencionado num sem-número de apresentações claras.

O ponto principal que deve ser compreendido é que toda forma singular no nosso universo, sem exceção, foi construída de acordo com a reflexão e o princípio do espelho. Isso significa que toda molécula subatômica e atômica do corpo e da mente humanos é composta a partir do princípio do espelho. É por isso que, quando entra na *sala dos espelhos,* você se posiciona mentalmente através de uma linguagem que o eu profundo compreende muito bem dentro das partículas básicas subatômicas e atômicas e dos genes, que ali guardam suas "instruções operativas". A mente move-se diretamente para *dentro* dos genes. Para ela a *sala dos espelhos* são os genes! Por conseguinte, quando você chama de volta os fragmentos do seu eu, que estão em outros, ou libera de si mesmo os fragmentos alheios, numa linguagem especular universal, isso é plenamente compreendido pelos genes. Você os está reformando ou reprogramando, a fim de restaurar e sustentar sua própria integridade individualizada. Em outras palavras, o espelho e o pensamento passam a ser um só, e o corpo mudará concordantemente com o pensamento!

Ao ingressar na sua *sala dos espelhos*, mantenha-se num sentido muito calmo e sagrado de suave respeito próprio. Seus pensamentos e sentimentos são rápida e imediatamente transferidos para os genes com novas instruções de operação — por isso use de muita cautela para imprimir as sensações e pensamentos que o levantarão e libertarão, em vez de restringi-los ou aprisioná-los ainda mais!

Lembre-se de que, quando estiver na *sala dos espelhos* e tiver contraído uma doença grave, como o câncer, você estará, na realidade, na origem do problema. Estará *em* seus genes! Quando restaurar sua própria integridade, seu sistema imunológico voltará a trabalhar, visto que já sabe claramente o que você é e o que não é — e atacará o câncer, expulsando-o do seu corpo.

Pense nisso profundamente. **Se se identificar com o estado canceroso de um amigo, de um membro da família ou de uma pessoa muito querida, a parte de você que estiver retida com eles acabará espelhando e ressoando a mesma fraqueza ou condição de câncer *no seu* corpo! Seu sistema imunológico não fará nada nesse sentido, porque o pedaço com câncer *não é você*, embora ao mesmo tempo pareça sê-lo, de modo que o seu sistema imunológico, confuso, permanecerá num estado neutro. Quando o sistema imunológico souber claramente o que é você e o que não é, expulsará naturalmente, de imediato, todos os invasores.**

Enquanto cria a sua *sala mental dos espelhos* compreenda que você está extraindo e ativando o mais importante princípio especular universal de toda a criação! Entre nela com grande respeito próprio, calma absoluta e certeza de estar prestes a restituir à própria vida sua plena capacidade dinâmica e a reivindicar sua preciosa integridade. Deixe cair o fardo pesado da consciência alheia que você carrega. Já é tempo de reaver com vigor o domínio de si mesmo!

CAPÍTULO 6

A TÉCNICA DA SALA DOS ESPELHOS

Na ocasião em que tiver terminado a leitura e absorvido o conhecimento encerrado neste volume, você compreenderá integralmente e apreciará muitíssimo a seguinte *técnica da sala dos espelhos*, simples mas tremendamente eficaz. Claro está que, quanto mais perto você puder chegar da duplicação das técnicas de criação universais, tanto mais eficiente será a sua terapia de cura — sejam quais forem o modo ou o enfoque que você tiver decidido seguir. *A técnica da sala dos espelhos* é a terapia mais primitiva ou elementar que se pode usar.

A TÉCNICA

Antes de tudo, com prática, você pode fazer facilmente este exercício à vontade, a qualquer momento e em qualquer lugar — a sós ou em grupo, se preferir.

• Para começar, deite-se ou sente-se da maneira mais confortável possível no local que escolher.

- Relaxe o corpo e a mente.
- Quando estiver completamente relaxado comece a imaginar, da forma mais clara possível, que está sentado numa sala totalmente revestida de espelhos.
- Imagens especulares suas estendem-se ao infinito em todas as direções: para a frente, para os lados e para trás!
- Ilumine bem a sala, de modo que você possa ver nitidamente sua imagem refletida.
- Enquanto examina mentalmente toda a circunferência da sala, observe que são tantos os seus reflexos repetidos pelo espaço afora que você nem poderia começar a contá-los!
- Agora, com calma, concentre-se de novo no seu interior e emita um sinal, semelhante ao sonar, para um *pedaço de você mesmo* que ficou em algum lugar do passado e que você quer que lhe seja devolvido.
- Veja mentalmente esse pedaço voltando a você por meio de um distante reflexo especular seu.
- Quando volta, o pedaço quebra literalmente o espelho que atravessou para chegar a você.
- O simbolismo está registrado na sua mente, e, quando o espelho se quebra, o pedaço se reintegra em você e produz a cura.
- Agora, carinhosamente, dirija o sonar para o seu pai, esteja ele vivo ou morto, e recupere o seu pedaço, ou pedaços, retidos por ele.
- Observe um dos espelhos quebrados e sinta o pedaço voltando para o seu corpo e curando-o.
- Agora, dirija o sonar para a sua mãe, esteja ela viva ou morta, e recupere o seu pedaço retido por ela.

• Observe um dos espelhos quebrados e sinta o grande pedaço seu voltar para o seu corpo e curá-lo. Se tiver filhos, dirija o sonar para eles também.

• Em seguida, dirija o sonar para seu irmão ou irmã mais velha e, um a um, repita o processo de quebrar o espelho e recuperar o seu pedaço com todos os irmãos e irmãs da família.

• Se não tiver irmãos nem irmãs, dirija-se aos seus avós, um por um, e repita o processo de quebrar o espelho e recuperar o pedaço.

• Depois de haver recuperado todos os pedaços de sua família de DNA, composta de mãe, pai, avós, filhos, irmãos e irmãs, estenda a mão para o sonar e recupere seus pedaços com todos os tios, tias e primos de cuja existência tenha conhecimento.

• Agora saia com o sonar e recupere os pedaços retidos por amigos mais íntimos presentes e passados, companheiros de trabalho e parceiros públicos e particulares da sua vida.

• Em seguida estenda a mão para trás e recupere o seu pedaço deixado com a primeira pessoa com a qual praticou sexo físico.

• Continue recuperando os bons pedaços retidos por qualquer um dos parceiros de casamento, atuais ou passados, ou de quaisquer relações, a longo prazo, de amor ou convivência.

• Se você praticou sexo com muitos parceiros, dirija o sonar a todos, veja quebrarem-se os muitos espelhos distantes e sinta a volta saudável dos pedaços que se juntam de novo a você.

• Agora, saia com o sonar para as dimensões oníricas que você viajou em sonhos, deixando fragmentos de si mesmo, ou em algum dos muitos planos multidimensionais em que o seu "eu espiritual" se aventurou ou errou em vivências atuais ou passadas.

• Observe os muitos espelhos que se quebram e sinta um surto de reintegração, dentro de você, dos inúmeros pedaços que estão faltando.

• Recupere também pedaços retidos com seus animais de estimação!

• Emita agora um último e forte feixe de sonar convocando, de qualquer lugar no tempo e no espaço, um pedaço de si mesmo que ainda não tenha quebrado um espelho e voltado para você.

• Observe o número incrível de espelhos que se estilhaçam em toda a parte — deixando-o sozinho na sala e fazendo-o sentir-se agora muito responsável, muito vivo e muito inteiro.

• Levante-se mentalmente, saia da *sala dos espelhos* e volte para o seu corpo físico...

Anote toda e qualquer sensação maravilhosamente forte e integrativa que você puder experimentar quando do seu retorno consciente ao seu momento atual em seu corpo. Você, muito provavelmente, sentirá logo uma vasta diferença mental e física. Entretanto, serão precisos, mais ou menos, vinte e oito dias para a massa do seu corpo físico integrar plenamente o sem-número de pedaços que voltaram para você.

Quando pus em prática, pela primeira vez, a técnica da sala dos espelhos, senti um grande surto de integridade logo após minha volta ao corpo físico. Entretanto, o melhor só ocorreu em meu sonho naquela noite, quando adormeci. Nele, tive plena consciência de haver executado o exercício da *Técnica da Sala dos Espelhos* na véspera e de estar sentindo uma integridade incrível e uma saúde exuberante *em meu corpo de sonho.* O sonho foi extremamente lúcido, e me ficou não somente a lembrança do sonho maravilhoso, mas também a magnífica *sensação* de saúde e integridade poderosas em minha consciência, ao despertar na manhã seguinte. Eu já tinha uma "previsão" de como seriam realmente a saúde do corpo físico e minha integridade vinte e oito dias mais tarde!

O que há de maravilhoso neste exercício da sala dos espelhos é que, depois de tê-lo realizado, você poderá repeti-lo muito mais depressa nas vezes seguintes. Você pode fazer categorias inteiras e grupos inteiros de família ao mesmo tempo, quebrar muitos espelhos e recuperar muitos pedaços rapidamente. Em determinado ponto, você poderá recuperar de imediato todos os pedaços provenientes de todas as dimensões e lugares. Isso significa que pode fazer uma pausa e beneficiar-se grandemente se estender a mão e recuperar, de vez em quando, um pedaço atual de si mesmo que você deixou com alguém ou com *alguma coisa.*

Como seria de suspeitar, existe uma inversão ou imagem espetacular dessa técnica, mas nós refletiremos sobre isso e compreenderemos isso num capítulo subseqüente.

CAPÍTULO 7

QUEBRE INTENCIONALMENTE SEUS ESPELHOS MENTAIS

Um dos nossos grandes problemas ou desafios é assumirmos conscientemente imagens espúrias de nós mesmos. À medida que aprendemos a despedaçar essas imagens contrafeitas ou a quebrar esses reflexos obscuros de espelhos, descarregamos uma carga imensa de excesso de bagagem. Grande parte desse excesso, formada de um lixo velho e malcheiroso precisa ser alijada o mais depressa possível.

No início de nossa vida assumimos culpas falsas e falsas identidades, que carregamos laboriosamente em todo o decorrer de nossa vida. *Pois chegou o momento de despertar!* Precisamos esmagar deliberada e conscientemente as imagens que refletimos e carregamos em nossa mente a respeito de nós mesmos. A maioria, muito limitante, é totalmente indigna de nossa identidade. Uma por uma, podemos começar hoje a quebrar todas as imagens especulares falsas. A tarefa principal consiste em adquirir consciência de que você reflete esses espelhos falsos. Depois que o tiver entendido, ser-lhe-á fácil espatifá-los.

São essas auto-imagens rígidas e inflexíveis que também nos dão essa postura de "adulto rígido". Somos sérios demais para a nossa própria saúde e bem-estar. A saúde exuberante provém de uma leve e jubilosa atitude pessoal na vida. Um espelho sério, enrijecido e rígido de auto-identidade está literalmente pedindo para ser esmagado pela *criança levada* que cada um de nós traz dentro de si. Todas as vezes que a sua criança levada puder sair e brincar, nem que seja um pouquinho, atacará e estilhaçará alegremente todas as imagens ossificadas que vir. Por isso mesmo, deixe sair a sua criança levada! Ela trará para fora as crianças levadas dos outros também!

Proceda como um "louco" inofensivo numa multidão. Talvez seja isso a melhor coisa que você poderá fazer pela sua saúde em todos estes anos! Não se incomode com o que você realmente pensa de sua imagem pública. Penetre fundo em seus sentimentos e diga e faça o que acha de fato natural e inofensivo para os outros e para você. Talvez se surpreenda consigo mesmo e poderá deliciar-se também com a agradável surpresa dos que o rodeiam.

A quebra de espelhos na *Técnica da Sala dos Espelhos* preparou-o para levar a cabo o restante do processo na base do dia-a-dia e do momento-a-momento. Aprenda a reconhecer ou enfrentar sua auto-imagem séria em todas as circunstâncias cotidianas e esteja disposto a quebrar aquela *cara fechada* e aquele *olhar torvo* de adulto rígido todas as vezes que você os vir. Deixe-os cair e espedaçar-se num milhão de fragmentos. Em seguida, substitua-os pelo exato contrário, a auto-imagem solta e alegre. Esta é a técnica de *arrostar, abraçar, apagar* e *substituir!*

Aqui também você poderá ver e sentir depressa os resultados dos seus espelhos mentais quebrados. Ou se aceita como é ou muda sua imagem para alguma coisa de que gostará naturalmente. Lembre-se de aligeirar e divertir-se com as aventuras da quebra do espelho mental. Você apreciará o novo espelho, que o estará olhando com respeito e prazer.

A partir de hoje, procure induzir-se conscientemente a observar a espécie de imagens do espelho mental que você está refletindo e está interpretando na sua vida cotidiana. Arranque de si mesmo tudo o que você não é e comece a gozar e a viver o que você realmente é; assim, seus dias físicos logo refletirão a identidade e a liberdade que você deseja desde que nasceu.

CAPÍTULO 8

QUEBRE INTENCIONALMENTE UM ESPELHO FÍSICO

A esta altura você já deve ter quebrado intencionalmente uns poucos espelhos mentais. Examinemos agora por que o fato de *quebrar intencionalmente um espelho físico* o ajudará bastante em qualquer terapia de espelho que você esteja seguindo.

A grande maioria dos indivíduos hesitará antes de quebrar um espelho físico. Com o passar dos séculos criaram-se todos os tipos de tabus a esse respeito. O mais corrente e sempre repetido é que qualquer pessoa que quebrar um espelho amargará sete anos de má sorte. Errado!

O ato físico de quebrar um espelho físico intencionalmente registra-se de pronto em sua mente. Não se perde a simbologia para a mente interior profunda. Ela anota a ação reconhecendo plenamente que você está fazendo uma declaração física que sua mente e seu cérebro físico compreendem. Você afirma, através dessa representação consciente, que está rompendo seus velhos padrões de pensamento.

A quebra deliberada do espelho físico reforça a

simbologia para o cérebro físico todas as vezes que você quebra ou despedaça um espelho mentalmente. O cérebro sabe muito bem como alterar elétrica e quimicamente o corpo para informar, de acordo com o sinal, que um fragmento seu voltou para você. O seu ser é agora mais completo, sua saúde mental e física e seu bem-estar geral refletem o aumento da sua integridade.

Você só precisa quebrar uma vez um espelho físico. Isso não é uma coisa que tenha de repetir. Entretanto, ao quebrar o espelho, seja o mais consciente possível dos seus pensamentos e sentimentos.

O momento é sempre *agora*, de modo que da próxima vez que for às compras não se esqueça de adquirir um espelhinho barato. Os pequenos, que você segura com uma das mãos, podem ser comprados por menos de um real. Será um dinheiro bem empregado, pois você estará mostrando ao seu cérebro que "fala sério" ao mandar-lhe o sinal de que agora está alterando e quebrando suas velhas imagens rígidas e se permite tornar-se saudável e são outra vez.

De um modo geral, todo o mundo evita olhar para um espelho. Bem no fundo de cada um de nós, existe a impressão de que há espelhos em toda parte — quase como se eles nos acuassem e nos fizessem recordar as muitas coisas que não queremos ver, nem mental nem fisicamente.

Quando quebrar esse espelho, você estará emitindo uma mensagem simbólica à sua mente e ao seu cérebro registrador de que você não aceitará mais o que não for um reflexo verdadeiro do estado perfeito do seu ser. Você estará dizendo que está espatifando a velha imagem num sem-número de pedaços e não se identificará mais com eles. Agora você só espelhará ou refletirá o que você é e não todos aqueles fragmentos ou pedaços de outros apegados à sua identidade.

Quebre o espelho físico que está diante de você, lenta e deliberadamente, e seja sensível a todos os seus sentimentos no momento em que o espelho, de repente, se espatifar. Divirta-se!

CAPÍTULO 9

A FRAGMENTAÇÃO DO EU

A primeira visão que temos da autofragmentação é a visão universal de todo o tempo e de todo o espaço: *O Agora Eterno*.

Quando o seu Eu total, *entidade de luz*, chegou à dimensão tempo-espaço, você refletiu e refratou todo o tempo simultaneamente. Isso quer dizer que a idéia que nós dois tínhamos das encarnações de vidas passadas ou futuras *que apresentam uma progressão linear* não é correta! Em vez disso, todas as suas vidas e todas as minhas vidas são vividas simultaneamente através de muitos "períodos de tempo" e através de cada *fragmento* ou pedaço de nosso eu, ou ser de luz, que assumiu um "veículo de união" humano — ou o que nós chamamos de corpo.

A partir da perspectiva ilusória do tempo linear, nós nos dividimos literalmente em centenas, milhares, dezenas de milhares de pedaços ou "expressões" de nós mesmos. Cada um dos nossos muitos eus individuais vive num corpo humano *agora*, simultaneamente, enquanto vivemos vidas agitadas em corpos humanos atuais. Suas vidas presente, passadas e futuras estão-se desenrolando e sendo vividas *agora* no interior de toda a *sua* entidade de luz que é o seu eu.

Você, por sua vez, em razão do princípio universal do espelho, também reflete ou fragmenta um pedaço de si mesmo todas as vezes que interage com alguém ou alguma coisa com grande freqüência ou intensidade. É por isso que os maiores bocados ou pedaços de você estão sendo "retidos" pelo seu pai, por sua mãe ou substitutos, e pelos membros imediatos da família ou parceiros matrimoniais e sexuais.

A menos que você tenha aprendido a *Técnica da Sala dos Espelhos* e chamado de volta as suas fragmentações, sua autodiminuição continuará ocorrendo. Em lugar de ser plenamente você mesmo, estará sendo, gradativamente, cada vez mais, uma simples sombra de si próprio — à medida que pedaços de você se refletirem e romperem em sua vida cotidiana.

A boa notícia é que, ao se completar conscientemente o seu curso da graduação *terrena*, todos os muitos pedaços e fragmentos seus estarão reintegrados por inteiro em seu ser. Você os chama conscientemente do mesmo modo com que, terminado este curso *universal* de graduação para toda a sua entidade, esta *o* chamará, bem como todas as outras encarnações individualizadas ou fragmentos do eu sobre a Terra, que estejam humanamente corporificadas. Este é o advento tão ansiado do retorno à "Fonte", que todos congenitamente e, não raro, conscientemente, almejamos durante toda a nossa estada solitária na Terra. Em vez de sentir-se perdido, você se sentirá como se tivesse afinal, e de forma verdadeira, encontrado o seu verdadeiro eu — como, de fato, encontrou.

Entrementes, acelere sua volta a um eu mais plenamente integrado, reservando um momento, de tempos a tempos, para chamar de volta os pedacinhos, os pedaços e, às vezes, os pedações enormes do eu que você refratou para outros. Ao fazê-lo, sua clareza de idéias e seu poder de agir e dar vida a novos sonhos aumentarão proporcionalmente.

CAPÍTULO 10

A FRAGMENTAÇÃO DOS OUTROS

Mais uma vez, por causa da dislexia, ou princípio universal do espelho, a *fragmentação dos outros* é simplesmente o inverso da *fragmentação do eu* que acabamos de explorar mentalmente.

Todas as vezes que sua mãe, que seu pai ou que algum pai substituto, membros imediatos da família, parceiros matrimoniais ou sexuais, e outros de grande influência interagem com você, deixam com você um pedaço ou um pedação deles mesmos.

Pense nisso. O que eu disse significa que agora você carrega, ao pé da letra, todos os pedações e pedacinhos de centenas, de milhares e de dezenas de milhares de pessoas, que você erroneamente identifica como o seu pensamento ou o seu sentimento, quando estes, na verdade, pertencem a um irmão mais velho ou a um velho amigo.

Como você pode imaginar, com o passar dos anos, isso não tarda em transformar-se numa imensa e pesada sobrecarga elétrica que lhe agrava o sistema. Em lugar de operar e manter um corpo e uma mente sadios, ordenados e saudáveis para si mesmo, você tenta encontrar lógica ou uma ordem inteligente nos pensamentos, sentimentos e vidas dos outros. A tarefa piora à proporção que você progride através do tempo linear, e sua carga aumenta!

Ao mesmo tempo, olhe para ele sob a perspectiva de outros e o quadro se tornará mais claro. Enquanto eles fragmentam pedaços para você e para outros que os rodeiam, estão também interagindo e assumindo um pedação ou pedacinho da sua identidade e da de todos os membros da família humana, associados, animais familiares de estimação e de todos os contatos multidimensionais com outros em sonhos, ou estados fora do corpo, que todos temos em qualquer tipo ou forma de vida.

Conseqüentemente, os outros se desintegram e se sobrecarregam de fragmentos e forças que lhes são estranhos, exatamente como você e eu nos sobrecarregamos. Eles também precisam do benefício desse conhecimento para "descarregar" os sistemas mental, emocional e físico do corpo humano.

Além de toda a incrível interação humana e animal a que acabamos de nos referir, existe outra consideração importante que é preciso compreender. Todas as vezes que você pratica um ato de sexo físico com outra pessoa você se enche ou se esvazia de uma carga das muitas freqüências vibratórias que carrega. A natureza exige um *intercâmbio equilibrado rítmico!*

Numa escala de um a dez, se você estiver vibrando numa freqüência de oito e o seu parceiro sexual físico vibrar numa freqüência de dois, ele avançará na sua carga e a freqüência dele subirá para cinco. Você deixará cair sua carga sobre ele e sua própria vibração cairá para cinco — visto que ocorre um equilíbrio entre os dois parceiros durante o ato sexual físico. Um ganha, outro perde!

Além disso, todas as vezes que você se entregar a uma forte fantasia sexual, essa identidade viajará pelo tempo e pelo espaço, seja qual for a distância via feromônios gerados por você, e também ocorrerá um equilíbrio entre você e seu parceiro de fantasia sexual. Você estará acrescentando à sua própria freqüência pessoal ou fragmentando-a para dá-la a ele.

Está visto que isso pode ser considerado negativo ou positivo, dependendo do que acontece e do que você faz a esse respeito. Essa é a razão por que uma pessoa que se torna mais consciente e eleva automaticamente o ritmo de suas vibrações fica mais seletiva no tocante a qualquer participação sexual física.

Quando você tem consciência do princípio de fragmentação, o principal objetivo consiste em partir conscientemente para a restauração da sua plena integridade, completando-se o mais depressa e plenamente possível. Focalizaremos agora esse problema.

CAPÍTULO 11

RESTAURE A INTEGRIDADE

A finalidade desse aprendizado é oferecer-lhe instrumentos mentais para restaurar-lhe a própria e completa integridade. Uma pessoa com um conhecimento e um sentido de integridade não se compromete a fazer o que não quer. Esse sentido de integridade transforma você numa pessoa claramente individualizada e maravilhosamente única, com uma personalidade poderosa e magnética.

As pessoas que não têm integridade oscilam facilmente em virtude de suas próprias emoções caóticas ou das ameaças de coerção de outros que as cercam. Elas estão quase sempre representando o papel de "vítimas" e, evidentemente, não são capazes de encarregar-se do próprio destino divino ou não se dispõem a fazê-lo. Elas dão a impressão de estar predestinadas, de serem menos do que poderiam tornar-se com um pequeno esforço integrado.

A natureza é maravilhosa, e, quando compreendidos, seus grandes princípios podem ser usados para tornar você saudável outra vez. A natureza procura o tempo todo dar vida a um quadro *completo*, a cujo respeito raramente podemos obter introspecção ou compreensão porque, de ordinário, estamos demasiado concentrados na *parte*! A sabedoria e a compreensão universal chegam a todas as pessoas gradativa ou instantaneamente, quando elas aprendem a pensar e a agir, passando do *universal* para o *específico,* do *principal* para o *diminuto* ou do *todo* para a *parte*. Essa é a imagem especular invertida absoluta para a qual fomos treinados ou que nos ensinaram. Nem mesmo a ciência, tão enaltecida, compreendeu essa "linha de direção", continuando a quebrar coisas para ver de que são feitas, em vez de distanciar-se um pouco delas e observar como a parte sempre se move em perfeita coordenação com o todo.

Permita-me propor-lhe uma breve questão:

A. Quem chegou primeiro, a galinha ou o ovo?

B. Quem chegou primeiro, a onda ou a partícula?

C. Quem chegou primeiro, o todo ou a parte?

Se você responder *galinha, onda* e *todo* e *souber por que*, estará, sem dúvida alguma, entre os primeiros da classe.

A galinha foi criada mentalmente primeiro como um todo, e o ovo produzido dentro dela é simplesmente um projeto contido que, avivado, reflete ou espelha o crescimento integral da galinha outra vez. Se você compreende hologramas, sabe que um pedaço de qualquer holograma, por menor que seja, pode refletir a imagem do holograma inteiro outra vez. Ovos ou sementes são hologramas em miniatura. Dos bilhões de universos que existem, o nosso é o único em que a massa atômica nasceu de um sonho. Todos os universos anteriores numa referência de tempo linear não passavam de universos de ondas que deram origem à luminosidade e aos seres que são entidades de luz, como você e eu. A ousada experiência do nascimento humano destinava-se a criar uma espécie inteiramente nova de forma de vida — um eu/fonte/criadora, a primeira do gênero —, explicada pormenorizadamente em meu livro intitulado *The Birth of Earth Star*.

O *todo* sempre é criado primeiro, antes da parte, e não ao contrário, como presumiu a ciência. Os universos nunca foram criados por acréscimos ou ajuntamento de partículas e moléculas afinal dotados de vida e que teriam, conseqüentemente, evoluído para uma forma animal e humana. A forma humana em sua inteireza foi primeiro sonhada ou formulada na mente inteligente ou ordenada da *Fonte*. Criaram-se, a seguir o grandioso pano de fundo dos céus e o belo palco da Terra para que os sonhos se desenrolassem dentro dos sonhos e assumissem uma única forma individual, elemental, mineral, vegetal, animal e humana. Quanta correria!

O ponto principal que se deve inferir de tudo o que foi dito é a importância de restaurar a integridade do todo de vez em quando e *resumir* os *dados* de nossas relações. O universo opera de acordo com o princípio do pêndulo ou do espelho no sistema de bomba de expansão e compressão. Essa batida ou pulsação centraliza e ativa todas as partes vivas fragmentadas de toda a *Fonte* viva ou eu-como-entidade.

Daí a importância de ser seletivo na escolha do parceiro sexual. É simplesmente mais prudente entender-se com alguém que seja, pelo menos, um espelho igual ao seu ou com alguém que tenha um ritmo mais vibrante ou mais maduro de autofreqüência. Assim, sua integridade será reforçada ou acrescida.

Com efeito, há mais de 60.000 anos, adicionou-se o *Cromossomo 23* à nossa evolução humana para que os andróginos, ou seres humanos assexuados, se dividissem ou fragmentassem ainda mais, a fim de acelerar a evolução. O eu masculino ou feminino, fragmentados, transferiram, então, todo e qualquer fragmento que haviam acumulado à descendência durante a concepção humana, como parte da marca do gene do DNA do eu, no interior não só do ovo mas também do esperma. Numa proporção direta, isso mais do que dobrou a velocidade da experiência humana individual acrescida e da evolução da espécie.

É óbvio, portanto, que não existe nada de "mau" em pegar bocados e pedaços dos outros por meio da interação pessoal ou de meios sexuais sagrados. É daí que vem o grande corpo da nossa experiência e o conseqüente acúmulo de sabedoria, de tal sorte que podemos até dizer que o sexo sagrado no casamento é "bom"! Avançamos ou crescemos por meio de experiências conscientes e morais.

Apesar disso, é importantíssimo resumir os dados de tempos a tempos utilizando a *Técnica da Sala dos Espelhos.* Caso contrário, tenderemos a *perder* a nossa pura e única identidade — *em vez de encontrá-la*!

Se você se despojar *do que não é você*, a ostra cinzenta se desvanecerá e a pérola reluzente do seu eu puro e não-adulterado surgirá, livre e clara, outra vez. Ao mesmo tempo, o seu sistema imunológico, tremendamente aliviado, será capaz de mantê-lo saudável e livre de doença! Por isso, vá em frente!

CAPÍTULO 12

CURE O CORPO COM ESPELHOS

Agora está mais do que óbvio que a pedra fundamental literal do seu próprio ser em forma física depende, cem por cento, do bom funcionamento do princípio do espelho. Isso também quer dizer, é claro, que você pode usar espelhos mentalmente para criar novas visões ou novos sonhos de saúde e bem-estar.

Seja tão criativo quanto puder ao sonhar com os efeitos do espelho mental que você imagina, visando causar uma mudança para melhor no seu corpo físico.

Se você, por exemplo, se julga magro demais, pode sentar-se na sua *sala dos espelhos* e ver-se saindo do corpo e entrando nos espelhos para arrebentá-los. Em seguida, reconstrua mentalmente a sua *sala dos espelhos* e, desta vez, veja-se na forma física exata que você idealiza e deixe que a nova imagem quebre os espelhos e entre no seu corpo! Reconstrua mais uma vez a sua *sala dos espelhos*, mas desta feita limite-se a ficar sentado e a contemplar com admiração, alegria e ponderação a nova imagem de si mesmo no espelho. O seu corpo, agora satisfeito, ostenta, com primor, a exata simetria ou proporção corporal que você deseja. Imprima a nova imagem no seu cérebro e conserve-a ali!

Se quiser reforçar ainda mais essa imagem, visualize um tampo grande de mesa e um calendário com o mês e o dia, impressos em letras grandes, em que deseja ver seu corpo transformado num exato reflexo especular do que você sonhou para si mesmo. Marque a data e veja-a vividamente circulada ou sublinhada com tinta vermelha, para obter maior destaque!

Estas são as duas considerações importantíssimas que devem ser feitas no uso do tempo na sua autocriação. Em primeiro lugar, são necessários, pelo menos, vinte e oito dias para que a massa do seu corpo físico absorva a nova imagem e reconstrua a massa do corpo a fim de que esta se acomode a uma réplica exata da imagem que você agora projeta. Por isso, leve em consideração esse fator e faça a data do calendário cair, pelo menos, vinte e oito dias depois que tiver encetado a criação inicial da nova imagem.

Em segundo lugar, como assinalei em publicação anterior, *$ucce$$ Formula*, é muito importante, quando você usa o tempo para materializar o seu desejo, que esteja conscientemente em condições de *acreditar-se* capaz de produzir a materialização dentro desse período de tempo. Se você, por exemplo, disser a si mesmo, ainda que o faça com a maior convicção: "Terei minha casa própria, um Cadillac e um alto rendimento profissional dentro de uma semana", quando, na verdade, acha que isso é tão incrível quanto deixar para trás a pobreza abjeta, você pode acreditar piamente que tudo poderá acontecer em seis meses, mas jamais em uma semana; nesse caso, será melhor você fixar a data da sua materialização para *dali a seis meses*, e nunca para uma semana depois! Você precisa sentir-se *absoluto* em todos os níveis acerca do tempo necessário para a mudança *na sua consciência.*

Falo por experiência própria. Em seis meses eu saí da pobreza abjeta, em que nada possuía, e passei a morar em casa própria, com um Cadillac na garagem e um belo rendimento profissional! Usei a *$ucce$$ Formula* que, mais tarde, expliquei em forma de livro. A grande verdade é que eu nunca o teria conseguido se tivesse me determinado e concentrado em fazer o sonho converter-se em realidade dentro de uma semana, ou mesmo três meses. Eu me senti muito absoluto, convencido de que, se usasse a *$ucce$$ Formula,* poderia manter a visão e focalizá-la na realidade — e o fiz.

Mais tarde, quando percebi que isso era possível, materializei cinco mil dólares, em dinheiro, de que precisava, *dentro de uma semana.* Mais uma vez, entretanto, se eu tivesse tentado imaginar a materialização de cinco mil dólares para dali a uma hora, ou mesmo um dia, minha convicção pessoal não o teria sustentado. Digo e repito que tanto sua mente racional e consciente quanto seu sentimento consciente precisam sustentar plenamente a estrutura de tempo que você decidiu usar para que o seu sonho se realize. A certa altura do seu e do meu desenvolvimento, o que você e eu dizemos e *sabemos* com certeza se tornará uma realidade física absoluta *no devido tempo*.

Você pode usar a *sala dos espelhos* para curar o corpo em qualquer terapia de que precise. Claro está que, em virtude das "regras do jogo", você não poderá, seguramente, substituir a mão que lhe falta, ou um braço, uma perna, alguns dedos, mas pode, sem sombra de dúvida, produzir tremendas mudanças benéficas nos membros existentes ou em qualquer área específica do seu corpo.

A *íris* do seu olho, um órgão especializado em intensidades luminosas, é responsável por projetar a formação de massa em qualquer parte do corpo físico, desde as unhas dos dedos do pé até os cabelos e tudo o que haja entre eles. Se a íris (e não a pupila) não funciona como deve ou se certas áreas da íris estão lesadas, esses órgãos ou partes do corpo refletidos dentro dessa área não estão projetados adequadamente, e doenças ou males poderão ocorrer especificamente nessas partes espelhadas.

Os adeptos da ciência da *Iridologia* não estão plenamente corretos em suas suposições atuais, mas estão muito próximos da verdade quando afirmam que áreas específicas da íris se relacionam com órgãos específicos ou funções corporais. O corpo do conhecimento e da ciência será aperfeiçoado aos poucos. Todos os ramos científicos logo se fundirão numa grandiosa e precisa *Ciência da vida espiritual*. Até a ciência fragmentada necessita encontrar integridade!

Entrementes, utilize imaginativamente a *sala dos espelhos* para curar o que quer que o incomode. Ao mesmo tempo, condicione o seu cérebro para tomar consciência dos efeitos do espelho na sua vida em todos os níveis mentais e físicos. Você ficará abismado com o que se refletirá de volta a você de inúmeras maneiras.

CAPÍTULO 13

TENHA CONSCIÊNCIA DO ESPELHO

Este princípio do espelho, universalmente básico, é tão importante que vale a pena cultivarmos todos uma percepção consciente de momento a momento de todas as formas de espelhos que encontramos em todos os níveis ou planos da existência.

Quando entrar numa loja de departamentos, não se esqueça de observar o seu reflexo em cada espelho que vir. Cumpre fazer diariamente um esforço consciente deliberado até que o seu cérebro físico registre essa instrução e torne você consciente do espelho, inclusive em níveis subconscientes. Em poucas semanas, mesmo sem pensar nisso, você acabará localizando automaticamente todos os espelhos reluzentes, tanto por dentro como por fora, à medida que for transformando seus sonhos cotidianos em realidade física concreta.

Até uma poça d'água a seus pés ou um lago tranqüilo que reflete as nuvens do céu atrairão a sua atenção. Você ficará pasmado com o fato de superfícies comuns, que mal notara antes disso, estarem agora tão repentinamente vivas de reflexos. A xícara em que você toma café ou chá passará a agir como um espelho na sua mão. Seu relógio de pulso captará um raio de luz e o refletirá nas paredes e no teto da sala em que você estiver.

Exercite-se simplesmente para estar alerta a cada imagem de espelho que seus olhos puderem captar. Em muito pouco tempo este será um estado natural da sua personalidade consciente. É incrível o que sua mente, treinada dessa maneira, descobrirá. Até o mundo à sua volta é um espelho exato da sua própria alma. O capítulo seguinte foi escrito para a *$ucce$$ Formula*, e dele extraído, muitos anos antes de eu haver obtido meus atuais conhecimentos relativos ao princípio universal do espelho. Incluo-o neste volume porque ele projeta muita luz sobre o modo como o mundo à nossa volta é também um espelho muito exato de nós mesmos.

Todo bom professor sabe que o melhor método de ensinar alguém rapidamente é usar o exagero. O que se exagera assume grande e imediata significação na nossa consciência. Uma criança ou um adulto registrará qualquer coisa que lhe pareça repentinamente "maior do que a vida" no seu ambiente.

Agora você pode fazer uso do mesmo princípio do exagero. Meta na cabeça o quanto é importante para você tomar nota de cada forma de efeito de espelho que puder encontrar no mundo cotidiano ao seu redor. Diga a seu cérebro que ele agora tem a importantíssima obrigação de fazer-lhe um relatório consciente, momento a momento, todas as vezes que você estiver ao alcance de um espelho ou tiver consciência de todo e qualquer efeito de imagem especular em qualquer coisa à sua volta. A natureza está cheia deles. Para cada objeto que você vê, assim como para cada efeito que sente, há um espelho ou objeto semelhante igualmente equilibrado. A matéria visível tem uma polaridade antimatéria invisível, de modo que seus olhos captam um efeito de imagem especular todas as vezes que você registra a visão de alguma coisa.

Toda fotografia precisa de um negativo para que se possa reproduzir uma imagem especular do objeto ncla visível. O próprio mundo que nos cerca é um espelho ou imagem de quem somos.

CAPÍTULO 14

O MUNDO ESPELHA A SUA ALMA

O seu mundo é, literalmente, a sua alma em forma de carne! O corpo de carne que você revela reproduz fielmente, átomo por átomo, o seu eu interior. Você se reflete a si mesmo em cada nível do seu ser.

Se olhar para sua realidade pessoal, você constatará que ela é um reflexo físico, emocional, mental e espiritual equivalente na natureza ao *que você é* — como o são todos os demais neste vasto mundo tridimensional que partilhamos.

É chegado o momento de deixarmos de censurar o mundo, a outra pessoa, o nosso patrão, o nosso empregado, o político, o banqueiro, o assistente social e assim por diante, indefinidamente, pelos nossos problemas, criados por nós mesmos! Cada crisezinha que enfrentamos na nossa experiência de vida no dia-a-dia, a cada momento, surgiu diante de nós como problema porque espelha um verdadeiro reflexo de nossas almas.

O mundo é sempre um espelho da sua alma! Cada pensamento e cada sentimento que fluem através de você modelam e alinham a direção e a atitude da menor partícula do seu ser.

O próprio lugar em que você está sentado neste momento, enquanto você absorve o conteúdo destas palavras, reflete a sua alma. O mundo inteiro o espelha constantemente. Seu estado de espírito geral ou específico, seus sonhos diários ou a sua falta de sonhos, sua apatia ou o seu movimento conscientemente organizado e habilmente dirigido formam as próprias estradas debaixo dos seus pés e os céus claros ou enevoados acima de sua cabeça.

Você não tem apenas uma nacionalidade, um tipo racial, não é um macho nem uma fêmea; você também está neste planeta Terra, e não em Vênus, Saturno, Júpiter ou Marte, etc., porque a consciência da Terra o reflete, e melhor do que qualquer outra. Você está na Terra, nesta galáxia, neste universo tridimensional porque esses pontos especiais o refletem mais perfeitamente do que o sistema estelar de Sírio ou a galáxia de Andrômeda — ou algum espaço eterno que reflete seres inumanos, entidades de luz, mais antigos do que você.

Se você está realmente interessado em saber que espécie de alma você é basta-lhe olhar à sua volta — visto que isso pode ser determinado muito precisamente por alguns momentos de reflexão consciente.

Abra os olhos sem demora para o mundo que está na ponta dos seus próprios dedos. Você está num ambiente atraente ou natural, ou não? Você é sadio de corpo e mente e está em boa forma física? Que espécie de trabalho criativo ou satisfatório faz você? Em que você pensa na maior parte do dia? Qual é o seu estado de espírito ou tom sentimental na maior parte do dia? O que você pensa a respeito dos seus amigos? O que você pensa do mundo em geral? Você costuma concentrar-se num cenário tenebroso de fim de mundo ou no alegre nascimento da Estrela da Terra?

Num breve piscar de olhos, o seu ambiente se tornará mais atraente. Sua saúde física e mental melhorará. Seu corpo assumirá uma simetria natural e agradável. Suas roupas serão bem-feitas, limpas e se ajustarão perfeitamente a você. Seu trabalho será satisfatório e muito mais adequado às suas aptidões naturais e a seus interesses ou habilidades. Suas horas de lazer e diversão serão alegres, restauradoras, não só para o corpo mas também para o espírito. Embora você mantenha os pés no chão, seus pensamentos cotidianos serão elevados, preparados para uma implementação pragmática e uma realização criativa. Seu estado de espírito será leve, jubiloso e transcendente. Você será compreensivo e responsável. Amará e apreciará grandemente os amigos, que o amarão e apreciarão igualmente. Ao olhar à sua volta, verá que o seu mundo é um campo curioso e emocionante de grandiosos desafios, relações apaixonadas e beleza deslumbrante. Você se verá sempre cercado de uma família espiritual. As idéias, os recursos financeiros, o equipamento e a vitalidade pessoal de que você necessita estarão à sua disposição. Sua vida será finalmente repleta de grande alegria, momento a momento, dia a dia e semana a semana. O futuro é sempre seu para a criação de *hoje*! Aliás, como poderia ser de outro modo?

Sim, de fato! O mundo que o rodeia é o seu próprio reflexo pessoal. Que tal lhe parece ele? Que a consciência mais brilhante de sua própria identidade divina brilhe constantemente através dele.

Que os céus se descerrem e despejem um grande fluxo divino de amor, luz e poder na sua vida, no seu trabalho e na vida dos seus entes queridos. Assim seja.

Você tem todo o amor e todos os amigos que deseja? Conseguiu os meios, o dinheiro e a energia para ser tão criativo quanto ambiciona? Para que você vive no seu dia-a-dia, no seu momento-a-momento, na sua semana-a-semana?

Todas essas são perguntas pertinentes que você pode fazer a si mesmo se quiser realmente conhecer o estado de sua alma. As respostas a elas encerram o segredo de sua alma, mas a resposta está fora. O segredo é conhecido. Olhe ao redor — a resposta é óbvia! Sua família, seus entes queridos, amigos e estranhos sabem quem é você!

O mundo ou o ponto no espaço e no tempo que você ocupa pessoalmente é o *seu* mundo! Ele espelha exatamente a sua alma! Nem pode ser de outra maneira. A forma sempre se ajusta à consciência, e a sua consciência diária é a essência da sua alma.

A forma que toda alma assume em qualquer nível de existência no universo — física, mental ou emocionalmente — é uma duplicação idêntica da alma nesse nível. Você e eu somos espelhados com muita exatidão e clareza em todo o mundo de realidade cuja existência percebemos interiormente.

O mundo espelha a sua alma, de modo que, se não lhe agrada o que o *seu* mundo reflete para você num dado momento, basta-lhe mudar a sua imagem para a que você realmente deseja. Comece a sorrir em vez de ficar carrancudo. Pense, sinta e proceda mais seletivamente. Transforme cada problema novo num desafio criativo... Mude sua postura consciente. Desenvolva uma atitude grandiosa. Que a luz dourada de sua radiância divina reflita, através de você, todos os dias de todas as maneiras. Assim, o mundo que existe agora na ponta dos seus dedos se converterá naquilo que você verdadeiramente quer para si mesmo.

CAPÍTULO 15

VEJA OS ESPELHOS DIARIAMENTE COMO DETONADORES DA CURA

Uma das principais auto-sugestões que você precisa fazer ao seu cérebro é que toda vez que você vir um espelho em algum lugar — sem exceção —, esse espelho, visto mental ou fisicamente, ativará um exercício-resposta de uma *sala dos espelhos* curativa que responderá ao seu corpo e à sua mente. Seu cérebro tratará o espelho mental como trata o espelho físico.

Qualquer mecanismo de resposta, ou "botão", que você pode apertar para enviar sinais de saúde ao cérebro, é prudente. Portanto, já que vivemos num mundo onde há grande abundância de espelhos naturais e feitos pelo homem, você tem uma fonte constante de detonadores de cura sempre à sua mercê.

De mais a mais, se você estiver precisando de energias de cura e não tiver acesso imediato a um espelho físico, basta-lhe criar a imagem mental clara de um espelho do tamanho que desejar. Você pode imaginar facilmente um espelho do tamanho de um quarteirão e com cinqüenta andares de altura numa fração de segundo, com uma pequena e simples concentração mental, de modo que, virtualmente, nunca se verá à míngua de imagens de espelho ou detonadores de cura depois que houver implementado e aceito essa auto-sugestão maravilhosa.

Nesse sentido, acredito que é altamente benéfico gastar alguns momentos pensando na grande importância e no uso bem-sucedido da *auto-sugestão.* A *auto-hipnose,* ou auto-sugestão, pode ser aprendida com facilidade por quase todo o mundo e é, na minha estimativa, uma das mais significativas técnicas terapêuticas, conquanto seja também uma das menos utilizadas pelas profissões ligadas à cura, seja qual for o nome que se lhe dê.

A auto-sugestão pode ser usada para acelerar a cura e ajudar a eliminar a dor, parcial ou totalmente, desde a dor do parto até a provocada por um ferimento no corpo ou uma doença.

O pior é que muitos praticantes da excelente arte da hipnoterapia prostituem a profissão, aumentando o número de sessões de tratamento de auto-sugestão, que normalmente seria de duas a cinco, para vinte ou cinqüenta, só para poder arrancar mais dinheiro do paciente. Todo bom hipnoterapeuta profissional coloca o paciente à vontade depois de uma ou duas sessões. Além do mais, a sessão de terapia pode ser gravada em fita, e o paciente recebe uma cópia dela a fim de que possa ouvi-la com a freqüência necessária para reforçar as sugestões de autocura.

A arte da auto-hipnose é simples. Qualquer pessoa pode fazer uso dela. Tudo o que você realmente precisa fazer é levar a cabo uma vigorosa sugestão para si mesmo a respeito de qualquer novo estado físico ou mental desejado. E é só! A sua auto-sugestão funciona melhor, bem entendido, quando você está relaxado e disposto a aceitar todo e qualquer estado que lhe seja sugerido. Além do que, como tudo o mais na vida consciente, quanto mais você repetir e, portanto, reforçar uma auto-sugestão, tanto mais forte e eficaz ela se tornará.

Entrementes, se você quiser explorar mais o assunto, e sugiro que o faça, muitas bibliotecas públicas têm uma profusão de bons livros com o título ou referência de *auto-sugestão* ou *auto-hipnose*. Quanto maiores conhecimentos você adquirir *e usar* a respeito de qualquer assunto, tanto maior domínio logrará sobre o seu corpo e sobre o ambiente exterior. Como você já pode ter deduzido, o ambiente *interior* é sempre o que determina o ambiente *exterior* — visto que o princípio do espelho que você descobriu neste volume está sempre em atividade, quer você o conheça, quer não, e quer você o utilize sabiamente, quer não. A apatia gera ou espelha a apatia! A ignorância gera a ignorância! A ação gera a ação! O conhecimento gera o conhecimento!

Um último ponto precisa ser ventilado aqui. É evidente que, quanto mais você investir numa coisa, tanto mais tirará dela. Por conseguinte, quanto maior intensidade de sentimentos você gerar com sua auto-sugestão de que "todo espelho que você enxergar agirá como um 'detonador' natural para curar o seu corpo e a sua mente", tanto mais eficaz será a sua auto-sugestão!

Como antigo jogador profissional de basquete, acredito no valor do trabalho em equipe e o conheço muito bem. Joguei a bola para você, de modo que agora é a sua vez de jogar. Faça uma boa, calma e firme pontaria e marque um belo e oportuno ponto *para você.*

CAPÍTULO 16

OS OUTROS COMO ESPELHOS DE NÓS MESMOS

Aqui, mais uma vez, a maioria de nós relutaria em admitir que as pessoas que fazem parte da nossa vida (seja ocasionalmente ou em tempo integral), como, por exemplo, um cônjuge, um amante ou um bom amigo, são espelhos maravilhosos do que existe no nosso próprio eu. Esse é o motivo por que escolhemos determinados entes queridos ou camaradas — que carregam e refletem muito do que nós também contemos e espelhamos para o mundo.

Depois que você conhece ou compreende esse princípio, pode usá-lo como medida padrão ou simples medida das qualidades que você encerra dentro de si mesmo. Se os amigos íntimos ou parceiros matrimoniais têm traços perturbadores apesar dos muitos atrativos que o prenderam a eles, é porque esses mesmos traços, atrativos e perturbadores, são aspectos do seu interior, que você também descobriu e apreciou, ou com os quais não se entendeu. Os semelhantes sempre atraem os semelhantes. Os contrários sempre se repelem! "As aves de penas iguais sempre voam juntas..."

É chegada a hora de dirigir um longo e firme olhar ao que não lhe agrada em você e modificá-lo. Se está julgando outra pessoa em relação a algum aspecto, isso quer dizer que notou alguma coisa em si mesmo, através dessa pessoa, com a qual pessoalmente não se entendeu.

Outros se revelam espelhos maravilhosos. As pessoas que o amam muito vêem qualidades ou aspectos do seu interior que prezam igualmente. Toda beleza, seja ela qual for, que você vê em qualquer outra pessoa é um claro reflexo da beleza que você já possui dentro de si. Se não fosse assim, você não poderia apreciá-la tanto e não a apreciaria. Nós nos conhecemos por intermédio dos espelhos dos outros!

Aqui, mais uma vez, você pode cultivar uma mudança completa na perspectiva que você tem dos outros. Observe os traços que vocês têm em comum, tanto os negativos quanto os positivos. Quando localizar um traço negativo, em vez de considerá-lo alheio a você, reconheça que você só pode ter consciência dele e só pode considerá-lo negativo **se** *for alguma coisa com a qual você ainda não lutou no seu íntimo.* Essa atitude cria para você uma linha de direção inteiramente nova com dois aspectos positivos imediatos. Primeiro, afasta-o sem demora do julgamento — em lugar de fazê-lo tentar viver a vida da outra pessoa julgando-lhe o comportamento. Segundo, dá-lhe uma compreensão ou conhecimento a seu respeito a que você agora pode aplicar a si mesmo. Como pode você consertar uma coisa se não souber que ela está quebrada? Quando tomar conhecimento de alguma "deficiência" dentro do seu eu pessoal, **dê graças a Deus! Não se castigue nem se censure de modo punitivo.** Em vez disso, empregue a fórmula "*Enfrente, abrace, apague e substitua*", de que já teve notícia neste volume. **Use esse espelho como se fosse um detonador de cura!**

Nossa primeira reação natural, pelo contrário, é recorrer a uma negativa. Nós não admitimos a existência de qualquer desequilíbrio dentro de nós. É tão mais fácil para a nossa mente consciente varrer para o lado esse pensamento de autocensura e julgar ou censurar um terceiro pela questão surgida entre nós e qualquer pessoa querida, amigo, sócio ou estranho! **Você se vê nos outros!**

Use o princípio universal do espelho refletido nos outros para educar e melhorar sua mente e seu corpo, assim como todo o seu ambiente tridimensional. Concentre-se conscientemente a partir de agora e *veja os outros como espelhos de si mesmo.*

Nesse ínterim, os outros também se vêem em você! Foi por isso que o escolheram como amante ou amigo. Eles estão começando a se conhecer através de você, ao passo que você começa a conhecê-los através do que você vê espelhado neles. Sem esse princípio do espelho, a troca inteligente de dados a seu respeito ou a respeito de outros não seria possível. A melhor visão que você poderá, algum dia, ter de si mesmo será através dos olhos e da mente alheios! São eles os espelhos mais claros e minuciosos que você encontrará algum dia. Use-os para ver a si próprio com uma percepção maior ou mais nítida. Outros sempre espelharão a sua pessoa — por isso, ame-os e dê graças a Deus por eles existirem.

Quando conseguir um equilíbrio perfeito na sua vida, você deixará de ver defeitos ou brechas nos espelhos deles — visto que terá curado essas falsas imagens dentro de si mesmo. Você vive e deixa viver, e vê claramente a beleza, o amor e a compreensão nos outros — porque tudo isso é espelhado deles para você!

Já aludimos a esse fato brevemente neste livro, mas convém reforçar os conhecimentos já obtidos neste volume. Não se esqueça de deixar muito claro para o seu cérebro que todas as vezes que ele vir alguma espécie de reflexo especular, seja este qual for, ele passa imediatamente pelo exercício completo da sua *sala dos espelhos* com a velocidade da luz e restaura a plena integridade do seu corpo. Você já não precisa começar o exercício conscientemente — *basta-lhe deixar que ele seja uma ordem auto-sugestiva executada dentro de você em níveis subconscientes.* Suas partículas subatômicas e seus genes receberão a mensagem imediata e conscientemente. Sua consciência pode partir, feliz, para a próxima aventura. Tenha simplesmente *consciência do espelho* e deixe os espelhos ativarem o seu cérebro, a fim de que ele siga a forte auto-sugestão com que você o armou.

CAPÍTULO 17

"MENTE SUPERFICIAL" *VERSUS* "COMPREENSÃO PROFUNDA"

Existe uma grande diferença entre a sua mente superficial e a do seu *eu profundo.* A primeira envida todos os esforços possíveis para entender como e por que tudo trabalha no nosso universo e não raro chega à compreensão plena de algumas matérias. Entretanto, a segunda, dentro da entidade primária do seu eu, conhece e trabalha os princípios universais sem necessidade de um pensamento concentrado *consciente,* como o de que necessita a sua mente superficial.

Essa imensa e constante concentração na consciência do eu, de que precisamos para manter a nossa integridade única e nossa identidade pessoal é natural para o que somos e onde estamos. É muito importante que mantenhamos um fluxo consciente, regular e firme, da consciência de quem somos e de onde estamos na realidade tridimensional. Usamos a mente para computar essa informação e mantê-la fluindo para dentro do nosso eu individualizado num fluxo contínuo. Caso contrário, logo nos perderíamos no sonho da vida terrena que estamos gozando agora. Nossa mente superficial é capaz de *reunir* e *alimentar* os dados necessários a essa tarefa sem um esforço indevido. Ela não se destina a compreender as profundezas do saber que o nosso "eu profundo" conhece.

O nosso eu profundo está tão seguro e equilibrado na identidade e integridade próprias que não necessita da consciência da maneira como a compreendemos e conhecemos. O você e o eu conscientes são apenas uma das muitas "fagulhas" da grande "chama" que compreende nossa identidade primária profunda como ser maduro de uma entidade de luz.

Fomos literalmente sonhados para existir e temos agora a grande oportunidade, depois de nos tornarmos vivos e despertarmos no sonho, de sair dele, mantendo nossa identidade e massa "subatômica" nesse processo de "nascimento". O advento da massa, depois de 140.000 entidades de luz terem *despertado* precipitará o seu nascimento *divino* — como está detalhadamente descrito no meu livro, *The Birth of Earth Star*. Esse evento colossal foi programado nesta geração!

Nesse meio-tempo, precisamos manter nossa mente superficial aberta e ansiosa por conhecer e usar toda a iluminação que podemos atrair. Como *Seth* assinalou com muita propriedade, "a informação quer ser captada por nós na medida em que queremos captá-la!" Isso significa que, quando você se concentra conscientemente no que precisa saber para tornar-se um "diplomado na Terra" consciente, essa concentração, animada por um desejo forte, atrairá a atenção de sua mente superficial para livros e temas dessa natureza. A

Técnica da Sala dos Espelhos é o grande instrumento de que sua mente superficial precisa para impulsioná-lo no caminho da sua diplomação consciente na Terra. Agora só depende de você utilizá-la *de todos os modos criativos* que possa imaginar. Não é preciso que sua mente superficial compreenda o princípio universal do espelho. O seu eu profundo conhece-o muito bem, de modo que a sua tarefa, simples, consiste em **usar a técnica com regularidade**. Leia e releia este livro até absorvê-lo plenamente, até dominar *como se fosse seu* o conhecimento que adquirir aqui!

CAPÍTULO 18

SEU EU PROFUNDO CONHECE OS PRINCÍPIOS DO ESPELHO

Afortunadamente, o eu profundo, dentro de cada um de nós, *conhece inteiramente o princípio do espelho*. É por isso que, quando você emprega a *Técnica da Sala dos Espelhos*, não é indispensável nem a você nem à sua mente superficial, conservar uma imagem clara da quebra dos espelhos ou alguma imagem visual de quando os seus fragmentos e pedaços chegam de volta a você. Sua mente profunda, em completa relação com o que você faz mentalmente, passa a convocar essas porções, grandes ou pequenas, que você deixou com cada uma das pessoas que tocou ou com as quais partilhou muita coisa.

Você e a sua mente superficial podem sentir-se confusos e inseguros a respeito do que você faz quando põe em execução a técnica da *sala dos espelhos*. Da mesma forma, podem surgir dúvidas sobre se está ou não fazendo direito o exercício. Nesse caso, *reconheça esses temerosos e duvidosos pensamentos como suposições absolutamente falsas*. Simplesmente não lhe é necessário imaginar claramente a quebra dos espelhos nem as pseudo-imagens ou imagens fantasmagóricas de qualquer uma das suas partes e pedaços perdidos que retornam ao seu corpo. Sua *intenção* é que o eu profundo os apanhe e movimente automaticamente por você. O desejo de restaurar sua integridade pessoal é registrado pelo eu profundo quando você se apressa em realizar o esforço para fazê-lo com o exercício da *sala dos espelhos*.

Seu eu profundo trabalhou com a "linguagem" dos espelhos universalmente durante éons. Ele sabe exatamente o que fazer e como agir para executar o que a sua personalidade e a sua mente superficiais desejam. O seu cérebro físico está ligado, elétrica e quimicamente, a tudo e a todos neste nosso universo elétrico e químico. *Ele pode, literalmente, precipitar qualquer condição ou alteração de forma com a velocidade da luz*. A única coisa mais rápida do que ele é a velocidade do pensamento. Apesar disso, o cérebro sabe exatamente como localizar a idéia, onde quer que ela se encontre. Ao fazê-lo, ele deixa um raio ou traço de luz entre você e o alvo ou meta do seu pensamento.

Se você, por exemplo, pensar na Lua, a sua idéia lá estará no mesmo instante — transcendendo todo o tempo. O cérebro enviará um raio de luz no encalço da idéia durante todo o trajeto até a Lua, que viajará com a velocidade da luz. Um fragmento da *sua* luz tocará então a Lua e ricocheteará para trás novamente com a mesma velocidade, viajando de volta a você pelo mesmo caminho de luz que a mente superficial seguiu com o pensamento dirigido para a Lua.

A mecânica universal da luz e os princípios do espelho serão afinal conhecidos e amplamente compreendidos pela ciência, mas só quando todas as ciências, no momento muito fragmentadas, se unificarem e quando as escolas de pensamento, extremamente divididas, que hoje se seguem, encontrarem uma integridade universal comum.

A essa altura, as massas, ao que parece ignorantes, abrangerão e compreenderão a grande *Ciência da Vida* muito mais facilmente do que os enfoques científicos grandemente fragmentados que hoje se conhecem. Em vez de ser mais complexo, o saber individual e universal se tornará muito mais simples.

Nesse ponto, você e o seu eu profundo estarão muito mais unificados, e a realidade, como agora a conhecemos, tornar-se-á muito mais lúcida e real do que é hoje. O uso da técnica da *sala dos espelhos*, ao lado da vigorosa implantação da auto-sugestão, favorecerá a ocorrência muito mais rápida dessa grandiosa união. O seu eu profundo quer ardorosamente que você desperte plenamente e saia do sono com total consciência. Trata-se agora apenas de uma questão de tempo, cuja velocidade, a propósito, aumenta de maneira considerável. A velocidade da luz varia com a contração do tempo. Nossos cientistas já estão a par dessa súbita e nova mudança da velocidade da luz. Os relógios atômicos estão sendo ajustados para explicar essas importantes e universais diferenças de tempo. O sonho da Terra está mudando depressa, e cada um de nós, sonhadores, precisa abranger todo o sonho, a fim de trabalhar mais efetivamente com ele.

Seu eu mais profundo governa-lhe agora o corpo com suma eficiência, mesmo sem a entrada da mente superficial. Ele anseia por vê-lo crescer, desenvolver-se e transformar-se num *mestre* maduro e plenamente senhor de si, que fará o que puder para ajudá-lo a seguir com rapidez nessa direção. Entretanto, cumpre-lhe lançar uma ponte sobre o abismo entre você e ele por intermédio do seu propósito consciente. Ele capta sempre a sua intenção e dá-lhe aquilo de que você precisa para realizar esse desejo. Ele não julga se o que você quer é bom ou mau para você. Mas deixará que você se destrua a si mesmo, se for isso o que você realmente quer. Seu eu profundo sabe quando sua paixão é despertada, detém-se e observa que você está instaurando uma ordem universal e a refletirá de volta a você tão logo quanto possível. *Fale com ele por meio de espelhos com toda a paixão que puder e ele* **se precipitará** *para atendê-lo!*

CAPÍTULO 19

O SEU SISTEMA DE IMUNIDADES ATIVA-SE

Como você já sabe, o exercício da *sala dos espelhos* restaurará o seu vigor juvenil e a saúde e produzirá mudanças visíveis no seu corpo em vinte e oito dias. Entretanto, o efeito colateral mais valioso "se manifestará" quando, reparada a sua integridade, seu sistema imunológico se ativar plenamente. Sem a integridade plena, o sistema imunológico não opera com toda a sua capacidade. Ele precisa saber quem é você!

É essencialmente por isso que, em países do terceiro mundo, alguns indivíduos, que não sabem quem são nem conseguiram desenvolver as próprias e únicas individualidade e auto-estima, tombam feito moscas quando uma praga qualquer lhes ameaça o sistema físico. Sem integridade, o sistema de imunidades não pode operar e protegê-lo.

Por outro lado, quando o sistema imunológico funciona na sua plenitude, você pode ficar exposto à AIDS, a pragas e a toda sorte de moléstias infecciosas que o seu corpo resistirá à infecção. *Você pode andar por onde quiser, através de qualquer coisa, e não será atacado porque você sabe quem é e se protege conscientemente, preservando a saúde e o bem-estar.* Não existem fraquezas nem falta de integridade em você que permitam a instalação de doenças. Um vigoroso sistema imunológico o manterá apto e sadio em qualquer ambiente.

A *Técnica da Sala dos Espelhos*, que você aprendeu neste livro, pode mantê-lo saudável, jovem e cheio de ânimo. Sugiro-lhe que transmita esse conhecimento a todas as pessoas que você ama e aos seus amigos especiais. Este é o maior e melhor dos presentes que você poderá dar-lhes. E será especialmente importante se eles tiverem contraído AIDS, câncer ou outras infecções e enfermidades.

Se você não tiver plena integridade e conservar um pedaço ou um fragmento do seu pai ou de um avô mortos de câncer, o seu sistema imunológico o reconhecerá como um invasor e atacará essa porção da sua vibração — onde quer que ela esteja guardada dentro de você —, e o câncer aparecerá no seu corpo à medida que suas células se autodestruírem.

Nesse caso, você pode rastrear a origem aparente do câncer e dizer que o herdou dos genes ou DNA do seu pai ou do seu avô. Isso não é verdade! Não foi um DNA nem algum gene faltoso que causou o câncer. Foi a vibração simpática, a ressonância semelhante dentro de você do pedaço ou fragmento de seu pai ou avô (ou até de seres que você ama ou de amigos queridos) que você ainda conserva. Essa vibração do câncer que eles tinham atua em você como um reflexo especular.

O seu sistema imunológico o atacará naturalmente como um invasor estranho ao seu corpo.

Essas situações críticas só poderão ocorrer se você estiver num estado de desintegração ou de falta de integridade própria por se achar tão atarefado vivendo a vida dos pedaços, bocados e fragmentos de outros. Como você não recuperou a sua integridade, seu sistema imunológico fica totalmente confuso e desintegrado também.

Diante disso, o mais prudente que você tem a fazer agora é entrar na sua *sala dos espelhos* e chamar de volta todos esses pedaços ou fragmentos seus, hoje conservados por outros. Se fizer um trabalho constante, completo e consciencioso, verificará um aumento acentuado da ativação do seu sistema imunológico dentro de vinte e oito dias. Se isso não acontecer, prossiga com o exercício. Se nesse momento você estiver combatendo o câncer, a AIDS ou qualquer outra doença fatal, não terá nada a perder, mais sim uma bela e sadia vida a ganhar! É o seu corpo, a sua vida.

Faça isso! *Recupere a integridade e deixe o seu sistema imunológico operando plenamente outra vez:* Se outros já o fizeram, por que você não pode fazê-lo? *Deixe que todos nós, seres da entidade de luz, gozemos de saúde, de um sistema imunológico plenamente ativado e sonhemos juntos com uma vida boa nesta nossa bela Terra!*

CAPÍTULO 20

OS CRIADORES FÍSICOS

Para obtermos uma compreensão mais clara do assunto dos criadores físicos, devemos analisá-lo a partir de duas realidades: *a realidade holográfica ilusória sobre a Terra* e o mundo verdadeiro por trás dela, *que é a causa do "espetáculo de luz" que nossos sentidos percebem como real.*

Na nossa existência holográfica, temos uma clara imagem de espelho dos dois tipos diferentes de criadores que trabalham aqui. Há pessoas talentosas que sonham ou concebem idéias, reflexo dos verdadeiros criadores-pais do sonho por trás do palco. Depois há as pessoas talentosas que, de fato, usam a massa e os instrumentos físicos para construir o que foi concebido.

O primeiro grupo consiste em inventores, arquitetos, músicos e pessoas criativas de todas as esferas de ação da vida. O segundo, em criadores do nosso mundo de hologramas; são carpinteiros, encanadores, empreiteiros de todo gênero, planejadores, condutores e toda a variedade de pessoas que sabem manipular a massa física e seguir um projeto, ou plano, e dar às idéias apresentadas pelo primeiro grupo de sonhadores dentro do sonho a desejada apresentação ou forma.

Esta é uma cópia quase exata da maneira como trabalham os verdadeiros *criadores de sonhos* e os verdadeiros *criadores físicos.* Estes últimos são os que manipulam partículas subatômicas e atômicas em estrelas, planetas e na miríade de formas de vida conhecidas e vistas em qualquer planeta. Eles transformam os elementos formados de partículas vivas subatômicas e atômicas em gás, comprimindo-os e convertendo-os em lava e, finalmente, congelando-os e, assim, tornando-os pedras. Eles também superintendem a desintegração da pedra, que transforma o planeta recém-formado em água, que se junta em rios, lagos e vastos oceanos. Eles convertem os sonhos de diferentes tipos de plantas, insetos e de vida animal nos variegados tamanhos, formas e cores físicos que conhecemos na Terra.

O único ofício deles consiste em trabalhar formas de vida atômicas e subatômicas dando-lhes o tamanho, a forma, a cor e o formato concebidos pelo seu próprio pai *criador de sonho* ou por qualquer sonhador ligado a alguma criação de massa física. Essa gente recebe simplesmente a imagem ou projeto e especializa-se em "preencher" lacunas a fim de dar à idéia uma forma física, uma atividade motora e qualquer mobilidade desejada, de modo que a nova espécie física possa manter-se ereta como uma árvore durante a vida inteira, no mesmo lugar, ou sacudir-se, colear, arrastar-se, caminhar, correr, nadar ou voar. Foi exatamente assim que toda forma física sobre a Terra, desde a formiga até a borboleta ou o elefante, foi concebida e criada.

Vivemos num universo que para nós é híbrido, originalmente destinado a abrigar massas atômicas e criadores atômicos, ou somente criadores físicos. Em virtude, porém, de certas circunstâncias universais fora de controle, nós, criadores humanos de sonhos, fomos transferidos da mente do sonhador que nos havia idealizado para o sonho de outro sonhador.

O mundo e o sonho em que estamos são totalmente alheios à nossa natureza. Este planeta Terra, para o qual fomos transportados, é alheio à nossa natureza. Somos diferentes de qualquer outra espécie existente sobre a Terra. Não pertencemos naturalmente a ela. Ainda que tenhamos nascido e sido criados numa forma animal única, somos totalmente diferentes de todos os outros animais terrenos. Nunca teríamos podido sobreviver se não tivéssemos utilizado algum tipo de objeto como sapatos ou roupas, feitos com o couro ou a pele de outros animais ou de vegetais, para proteger-nos contra os elementos. Todas as outras espécies da Terra, sem exceção, sobrevivem e funcionam até o seu amadurecimento com a forma em que nasceram. Não precisam de aparelhos nem de proteção retirados de outras espécies da natureza para sobreviver. Somente nós, humanos, somos diferentes! À medida que nos aproximamos dos *criadores de sonhos* e os estudamos, teremos maiores condições de analisar por que somos assim tão diferentes.

CAPÍTULO 21

OS CRIADORES DE SONHOS

Os *criadores de sonhos* são respeitados, admirados e cobiçados por quase todos os outros seres da entidade de luz, já que são os únicos realmente capazes de injetar tamanha intensidade e tamanha lucidez em seus sonhos. Eles dão tanta vida aos personagens de seus sonhos (como você e eu), que essas felizes imagens ou hologramas despertam no sonho e efetivamente assumem vida própria. Se os personagens holográficos recém-sonhados tiverem vitalidade suficiente e um forte desejo de individualizar-se como eus vivos e sair do sonho por conta própria, o universo é abençoado com a criação de mais seres, muito necessários, auto-individualizados, da entidade de luz. Toda uma nova safra de companheiros únicos pode nascer de um sonho bem-sucedido (no sentido de intensamente lúcido) de qualquer um dos *criadores de sonhos* universais.

Outro ponto precisa ser aventado para que se compreenda como você e eu fomos criados e por que somos agora a mais surpreendente espécie nova a que finalmente foi dada existência — passando do "nada" a "alguma coisa". Isso ocorre porque a maioria dos *criadores de sonhos* tem simultaneamente um sem-número de sonhos lúcidos muito diferentes. Outro fator importante que urge compreender no roteiro da nossa criação é que *todos os criadores de sonhos formam um buraco negro ao seu redor como um refúgio ou um abrigo de proteção enquanto estão sonhando.* Normalmente, esses buracos negros, bem fundeados, estão localizados bastante longe uns dos outros, de modo que, se um *criador de sonhos* menos amadurecido deixar de ancorar como deve o seu buraco negro e sair de órbita, não colidirá com eles. Todavia, de tempos em tempos, no decorrer dos grandes éons da criação e da multidão de *criadores de sonhos* que criam "veículos de união" num buraco negro, ao mesmo tempo que perseguem seus múltiplos sonhos simultâneos, acontecem acidentes.

Foi precisamente o que ocorreu conosco. Outro *criador de sonhos* num buraco negro muito próximo saiu de órbita e espatifou-se no buraco negro, assustando e ferindo nosso pai de sonho dentro dele. Como você pode imaginar, a colisão entre dois buracos negros produz uma enorme quantidade de fagulhas impressionantes.

Já que o sonho do nosso *criador de sonhos* foi rudemente abalado e, por esse modo, também ferido — e muitos de nós, personagens de sonho, estávamos "maduros" e prontos para sair conscientemente do sonho —, ficou decidido pelos que chamaremos "aqueles especialistas" denominados doutores no sonho, que todos os que estavam no sonho afetado mereciam ser salvos, exatamente como o bebê que precisa ser dado à luz prematuramente.

Examinando o sonho mais próximo e mais apropriado para o qual poderíamos ser transferidos, foi escolhido aquele em que atualmente residimos. Era um sonho todo diferente, uma vez que a sua meta final consistia em produzir uma safra de *criadores físicos,* ao passo que todos nós, no sonho posto em perigo, estávamos destinados a ser uma nova safra de *criadores de sonhos* — como nosso pai.

O universo de sonho para o qual todos fomos transferidos era também o primeiro e único de sua espécie, conservado na mente do sonhador. Todos os outros universos anteriores tinham sido criados exclusivamente de formações de ondas. Esse universo é o primeiro em que tanto as ondas quanto as partículas são necessárias à criação. Não obstante, os doutores do sonho, que manipulavam o acontecimento, tomaram a decisão de que poderíamos ser transferidos com toda a segurança para este universo e fundir-nos, pouco a pouco, nas formas de criação subatômicas e atômicas já existentes em miríades de formas vivas únicas.

Em virtude de sermos "material de sonho", foi difícil, a princípio, conseguir por bem a união necessária entre uma partícula subatômica e o nosso eu no sonho, mas o processo acabou tendo bom êxito. A princípio, nós, personagens de sonho, fomos grandemente repelidos pela partícula e vice-versa — já que cada um era alheio ao outro. Finalmente, milhões de anos depois, tornou-se possível que nós, criaturas de sonho e as partículas subatômicas nos fundíssemos de maneira compatível. Quando chegarmos ao estudo dos hologramas você compreenderá como, afinal, isso foi realizado.

Depois que você e eu fomos ligados a uma partícula subatômica, a multiplicação da família por ocasião da concepção, como a nossa ciência já sabe, ocorreu como um multiplicado em dois, dois em quatro, quatro em oito, etc., até que a forma final de sonho da nossa espécie humana passou da concepção para o feto, depois para a criança gerada, em seguida para o adulto amadurecido — ocasião em que se materializou.

Aqui, mais uma vez, chegamos ao mesmo princípio universal, já discutido. O todo é concebido antes da parte — o pinto foi criado antes do ovo —, e, da mesma forma, o ser humano foi criado como uma criatura amadurecida. O ovo e o esperma no interior dos primeiros seres humanos estavam então contidos dentro de cada um de nós, visto que éramos todos andróginos ou assexuados em nossas primeiras gerações. Foi também mais ou menos há 70.000 anos que se introduziu o *Cromossomo 23* nos nossos genes, para que ele forçasse uma cisão, e, dali por diante, nascemos todos como machos e fêmeas separados. A cisão dos humanóides assexuados anteriores foi necessária para acelerar a orquestração e a sincronização da nossa evolução no sentido do nosso próximo e iminente nascimento em massa na superconsciência a que me refiro como o *nascimento da estrela da Terra!*

A operação foi um sucesso! Os doutores de sonho, enfim, foram capazes, com a ajuda de muitos outros especialistas universais, de criar as condições neste universo que permitissem o casamento entre a vida de sonho e a vida subatômica, e nós somos as entidades que emergimos dessa operação. A beleza de nossas formas humanas aumentou.

Agora somos únicos, bem como herdeiros de duas capacidades criativas. Somos ao mesmo tempo *criadores de sonho* e *criadores físicos* num mesmo "pacote" de vida — o primeiro desse gênero numa longuíssima eternidade no tempo linear que conhecemos.

A importância da nova herança, incrivelmente preciosa, é que, depois de termos amadurecido e saído conscientemente do sonho, seremos capazes de viajar para qualquer lugar de qualquer universo em forma de corpo e com consciência total.

Estou certo de que, se você refletir sobre todos os dados estarrecedores que já lhe foram apresentados neste volume, você compreenderá por que tem um impulso interior tão forte para ser criativo com as mãos e com a mente. Você é capaz de sonhar dentro do sonho e, dentro do sonho, reestruturar sua forma aparente. Você pode tecer novas realidades inteiras no seu próprio ambiente, com a mente e com as mãos sensíveis e artísticas. Nenhum outro animal ou forma de vida sobre a Terra pode fazê-lo porque carece do poder ou da herança para ser filho de um *criador de sonhos* como nós.

Os animais e todos os tipos de formas de vida neste universo, incluindo as partículas subatômicas, sonham durante o sono ou durante o estado de repouso, mas não da forma criativa com que somos capazes de fazê-lo. Eles não podem, como nós, transmitir intensidade e lucidez suficientes ao sonho para dar vida aos seus personagens de sonho.

O reino animal e outros reinos da natureza na Terra já estavam aqui muitos milhões de anos antes de nós. Para eles, é quase como se nos tivessem criado em seus sonhos. Com efeito, nosso animalzinho de estimação considera-nos como um pintinho debaixo das suas asas ou como seu próprio filhote, membro da família, muito embora você, com certeza, proceda de maneira singular e muito diferente do padrão genético de comportamento impresso nos genes de uma ave, de um gato, de um cão ou de qualquer outra criatura que você possua como animal de estimação. Ele não pode compreender o seu estranhíssimo padrão de comportamento; apesar disso, ele olha para você como olharia para um filhote. Por conseguinte, tolera o seu estilo de vida, baseado no seu antigo e bem-delineado código genético de comportamento.

Como *criadores de sonho,* não há limites para o que você e eu podemos imaginar e criar. A centelha da *Inteligência Suprema Universal* foi-nos transmitida generosamente. Essa dádiva não tem preço, pois algum dia teremos amadurecido e seremos capazes de erguernos à altura *dela*. Seus sonhos podem não só realizar-se, mas também mostrar-se vivos — imbuídos de uma centelha ou porção de você do mesmo modo com que o nosso pai-criador de sonhos nos gerou do "nada" para fazer de nós "alguma coisa" viva, que agora conhecemos como o eu individualizado. Vivemos num mundo autenticamente belo e incrível! À luz da sua grande criatividade pessoal, que os seus sonhos mais brilhantes e mais doces se tornem vivos na sua mente e, afinal, saiam do seu sonho da mesma maneira como você, conscientemente, sairá deste sonho num dia muito doce e muito próximo.

CAPÍTULO 22

A ILUSÃO DIMENSIONAL CRIADA ATRAVÉS DE HOLOGRAMAS

Como personagens vivos na mente do nosso *pai-criador de sonhos*, poderíamos, de tempos a tempos, aninhar-nos no conforto e na segurança de um canto ou escaninho da mente no interior do sonhador em que fomos gerados, para descansar ou adormecer. Dessa posição veríamos os bilhões de neurônios ativados do nosso sonhador ligar-se e desligar-se quando ele faz um rápido movimento de olhos (medido pelos nossos cientistas na Terra enquanto nos movemos num período ativo de sonho). Nós refletimos exatamente o mesmo processo onírico do nosso pai-sonhador. Era um belo e conhecido espetáculo de luz para nós todas as vezes que descansávamos ao passar da infância para a maturidade, como um personagem vivo de sonho.

Portanto, quando o sonho se danificou e o universo presente foi escolhido para ser o nosso novo lar, fez-se mister criar uma nova tela de fundo. A matéria proveniente da Zona Morta, realidade holográfica criada nesse universo que deixei esboçado no meu livro, *Life in the Dead Zone*, comprimida, resultou em bilhões e bilhões de estrelas. Por conseguinte, ao chegarmos a este planeta muito estranho e alheio e a esse universo de formas moleculares subatômicas e atômicas, ser-nos-ia fornecido um pano de fundo com o qual já estávamos familiarizados.

Enquanto ainda nos achávamos no sonho danificado, antes de sermos transportados para fora dele, deram-nos por alimento imagens ou hologramas durante o nosso estado de sonho de átomos, reinos da natureza e animais felpudos, de modo que pudéssemos sentir-nos à vontade naquele ambiente. De outro modo, não teríamos sido capazes de suportar o choque de ser transferidos para um ambiente tão alheio. Nossa consciência ficaria tão acabrunhada que teríamos sido, literalmente, "alvejados", desintegrados e convertidos outra vez em "nada".

Afortunadamente, os doutores dos sonhos e uma quantidade de especialistas universais souberam familiarizar-nos com o novo e estranhíssimo panorama antes de sermos transportados para ele.

Uma das condições impostas foi que, embora nos fosse permitido habitar esse universo onírico vizinho, *nunca nos seria permitido danificá-lo, de maneira alguma*. Conquanto a ilusão de tocar superfícies e corpos subatômicos e atômicos e misturar-se com eles parecesse muito real, nunca poderíamos realmente tocar nem destruir de alguma forma o mundo de sonho lúcido, real e físico. Por causa da natureza holográfica da nossa realidade, somos sempre afastados do mundo real pelo uso da dislexia — espelhar ou inventar a interação da imagem por via do holograma.

Nossa ciência terrena tem um maravilhoso entendimento de como e por que se formam os hologramas. Um raio projetado de *laser* divide a luz em duas correntes distintas, tira e reproduz uma fotografia e dá a ilusão de profundidade. Os cientistas da Terra também sabem que qualquer imagem holográfica, mesmo que se quebre, ainda pode ser usada — visto que qualquer fragmento quebrado, por menor que seja, pode ser usado para reprojetar por inteiro a imagem quebrada ou estilhaçada.

Em função da nossa própria realidade onírica holográfica, três "coisas" são necessárias:

1. Você ou eu, *o sonhado* — do lado onírico da realidade;
2. O holograma criado no meio... uma área neutra;
3. Estrutura atômica — do lado atômico da realidade onírica.

Essa união entre nós, *os sonhados,* e a estrutura atômica, projeta uma imagem holográfica no meio. Nós, sonhadores, nunca vemos nem tocamos o que nos criou, por causa da propriedade singular da dislexia. Quando os dois elementos do fogo e da água, por exemplo, se fundem, vemos apenas a *reação* aparente do *vapor* (do ponto de vista do nosso holograma) e a água. Não vemos as duas causas do vapor, ou holograma, o fogo (o sonhado) e a água (a estrutura molecular atômica e subatômica), nem que um movimento giratório ou uma torcedura, que conhecemos como dislexia, alimentam a ilusão e a crença, amplamente aceita, de que estamos lidando com a natureza física quando, na verdade, não estamos. Não temos permissão para agir nem interferir diretamente na evolução da "matéria" ou substância do aparente *criador de sonhos atômicos* do universo que nos adotou.

Como se poderia esperar, um holograma tem muitos aspectos. O primeiro é que ele não pode ter uma sombra! Para ajudar a criar a ilusão da profundidade, portanto, foi-nos dado um pedaço de matéria escura ou massa ou substância inteligente que pudesse assumir uma forma instantânea com a velocidade da luz e dos nossos pensamentos em toda e qualquer forma holográfica que desejássemos, capaz de projetar uma sombra, e, desse modo, satisfazer a nossa mente no sentido de que estamos percebendo a profundidade ou as multidimensões da realidade por meio da nossa íris.

Podemos descrevê-lo numa relação entre A, B e C.

A. Somos um holograma ligado a uma sombra.
B. Sobrepomos o nosso holograma com sua sombra a uma estrutura atômica. Isso cria uma terceira dimensão, de modo que nos tornamos mais dimensionais do que baseados numa linha plana.
C. Uma visão holográfica tridimensional nos dá, assim, uma percepção de profundidade do movimento e a capacidade de fazer essa perspectiva holográfica que parece ser, fisicamente, tão real.

Essa ilusão realizou as duas coisas desejadas. Primeiro, a estrutura atômica concorda agora em aceitar a nossa presença sem que possamos tocar realmente a massa ou interferir nela; nessas condições, é possível a geração individual em decorrência da concepção.

Infelizmente, há entidades de sonho que a estrutura atômica rejeita de forma absoluta, e que nunca serão geradas na massa — muitas, muitas delas, de modo que você pode dar-se por feliz, uma vez que, evidentemente, você passou pelo nascimento.

Aqui, mais uma vez, no intuito de ajudar a simplificar este quadro do seu próprio e único nascimento humano, podemos dividi-lo em passos ou pedaços.

O SEU NASCIMENTO HUMANO

PRIMEIRO: É necessária uma partícula subatômica, que se ilumina repentinamente dentro e fora da nossa "realidade", à velocidade de um trilionésimo de segundo, e concorda em permitir que você a fecunde ou convirja para ela! Nossos cientistas já descobriram e avaliaram essa partícula viva, muito embora, neste momento, não dêem crédito ao fato de que ela tem vida própria autêntica, ainda que usem expressões como "meia-vida", etc., para descrever a duração dos elementos radioativos.

SEGUNDO: Se você foi aceito, a concepção, tal como agora a entendemos, acontece. Aqui, mais uma vez, é o ovo (ou átomo) que rejeita ou permite que o espermatozóide escolhido — entidade de sonho, masculina ou feminina, como você ou eu — fecunde.

TERCEIRO: Nos primeiros catorze ou dezessete dias em que o feto cresce, você grava ou liga o seu holograma no feto emergente. Normalmente, você sobrepõe o holograma à estrutura atômica nas primeiras horas ou dias, visto que a divisão do átomo ou ovo fertilizado passa de dois a quatro, oito, dezesseis, etc., com extrema rapidez.

QUARTO: Feito esse "serviço", você pode voltar para o sonho lúcido do seu *criador de sonhos* e dar início ao seu sonho dentro do sonho do seu crescimento pessoal, desde a primeira célula até se transformar num feto plenamente desenvolvido e criar caminhos oníricos, que percorrerá depois de solto na parte física do sonho.

QUINTO: Agora, sonhador ativo nos bastidores, você pode iniciar a reação química e hormonal para que o corpo de sua mãe reaja ao causador das contrações do parto. Este é o sinal "detonador" que indica que você está maduro e pronto para o nascimento tridimensional.

SEXTO: Neste exato momento, as contrações do parto assustam e despertam a pessoa do sonho. Sua percepção consciente começa quando você nasce fisicamente. Nesse breve e lúcido momento, você compreende: "Ah, sim, aqui estou eu, agora num corpo!"

SÉTIMO: No exato momento em que você se afasta do sonho lúcido e assume sua residência física na forma do bebê, a mãe sensível experimenta, muitas vezes, um momento intenso de grande euforia.

Após o nascimento humano

Agora que você está num estado holográfico com bilhões de outros hologramas igualmente lúcidos e autoconscientes, está pronto para "seguir as regras do jogo" ou *Princípios Universais* que fazem e mantêm a ordem criativa em seu universo. Crenças desenvolvidas e aceitas por todos atuam como suas pautas neste mundo de simulação. Uma crença é tão-somente um pacote concentrado em sua mente, que você usa para se beneficiar e guiar o seu procedimento pelos caminhos que escolheu na vida. As crenças contêm grande poder de movimento — por isso, procure manter aquelas que mais *libertem* do que *limitem* ou aprisionem a sua mobilidade.

É apenas a crença que lhe dá a ilusão de que o aço e as rochas são duros, quando, na realidade, são quase inteiramente compostos de espaços abertos. Podemos ser capazes de atravessar paredes ou montanhas, à vontade, assim que tivermos aprendido a deter a excitação que ocorre quando qualquer partícula se aproxima de outra. Enquanto isso, eis aí uma proeza que somente *mestres* consumados de seus estados mental e físico podem atualmente realizar. Entretanto você herdou a capacidade de percorrer universos e mundos à vontade depois da sua graduação num holograma limitado para um eu divinamente inteligente e limitado!

Nesse meio-tempo, todos os seus sentidos principais foram criados para você imergir no sonho e aceitar naturalmente o que é apenas um espetáculo holográfico de luz, como uma realidade tridimensional sólida ou física. Era essa a única maneira pela qual nós, "órfãos..." de outro mundo de sonho, podíamos entrar e brincar sem causar dano à evolução da terra *verdadeira* e das *verdadeiras* estruturas subatômicas e atômicas que, na realidade, nunca tocamos fisicamente. Os seus conhecimentos a respeito disso o ajudarão, afinal, a despertar plenamente e a sair do sonho com a capacidade e o poder de criar seus próprios mundos ou realidades desejáveis.

CAPÍTULO 23

A INTELIGÊNCIA SUPREMA ADQUIRE FORMA

Em todas as minhas últimas obras tenho evitado, propositadamente, a palavra Deus, visto que conheço as implicações envolvidas numa perspectiva muito dilatada e inteligente. O Capítulo 27, "O Nascimento de Deus", tratará especificamente desse tema. Direi aqui, no entanto, que Deus e nossa Fonte Divina ou Inteligência Suprema são dois assuntos totalmente diferentes.

As bíblias do mundo estão corretas ao presumir que tudo o que é conhecido na criação nasceu do Vácuo ou do nada.

A aquisição de forma da Inteligência Suprema começou como o que nos pareceria um movimento imperceptível à medida que o estado completo de zero ou nada "escorregou" aos poucos e iniciou o primeiro movimento. Esse movimento era tão leve que não teríamos sido capazes de detectá-lo nem mesmo com os aparelhos mais sofisticados e modernos de medição. O que quer dizer muita coisa, porque já somos capazes de medir o movimento de uma onda ou de uma partícula de um bilionésimo de segundo com os equipamentos existentes.

O verdadeiro primeiro movimento universal estava muito mais próximo de um quatrilionésimo de segundo. Esse primeiro movimento de desequilíbrio transferiu-se imediatamente para o outro lado da perspectiva zero e moveu-se como um pêndulo, exatamente uma quatrilionésima parte de um segundo de desequilíbrio no sentido contrário.

Assim começou a primeira pulsação universal ou onda, partícula ou fratura do todo ou posição zero, que ainda hoje subjaz a toda existência. Essa é a partícula básica, primária, e a menor partícula básica primária e universal de toda existência.

Gradativamente, a oscilação ou movimento desse pêndulo aumentou no decorrer de longos éons, adquirindo oscilações cada vez mais amplas e ondas ou fragmentações do todo mais e mais desenvolvidas. O mesmo processo criou, pouco a pouco, os saltos e despedaçamentos entrecruzados do efeito espiral especular à proporção que a onda crescia em tamanho e diversidade de formas.

Num ponto, depois de éons inconcebíveis de tempo linear, surgiu uma luz negra, ou luminosidade pura, e o primeiro vislumbre ou formação de luz começou simplesmente pelo atrito constante de ondas que batiam atrás e na frente de um sem-número de outras ondas universais. Depois de muitos éons, incomensuráveis pelos nossos padrões de tempo linear, um número cada vez maior de pequenas ou minúsculas bolsas de luminosidade e luz subseqüente se formou, aqui e ali, através de todos os vórtices de ondas caóticas e desequilibradas.

Finalmente, algumas bolsas de luz se tornaram bastante independentes para voltar a saltar de um lado para outro, ou de um canto para outro, e gradualmente a luz principiou a tornar-se suficientemente consciente de si mesma para sentir esses impactos. Ela começou, aos poucos, a antecipar-se e a preparar-se ou a registrar o tempo quando ocorria o efeito de espelho ou de salto da parede oposta de ondas. O encerramento de luz no interior, que delineava os limites da existência, era necessário para uma resposta de consciência que conhecemos como uma inteligência ordenada a ser formada. Sem uma barreira contra a qual saltar, ou paredes de outras ondas para registrar o impacto de luz, a inteligência não teria podido formar-se nem ter sido formada.

Cada um desses muitos bilhões de bolsas ou pacotes de luz seguiu o mesmo padrão formador da percepção e da inteligência. Todos eles, operando juntos coesivamente, formularam o primeiro cérebro primário universal, imenso e ainda existente, do qual nossos cérebros humanos ou os cérebros de todas as formas de vida, por mais simples que sejam, são reflexos especulares. Nossos cérebros foram concebidos e recriados dentro da nossa genética espiritual e física, seguindo o exemplo estabelecido pela Inteligência Suprema, que governa todos os nossos mundos conhecidos e desconhecidos, dentro e fora de nós, em números incontáveis.

O meu nascimento e o seu, como entidades conscientes de luz, serão tratados nos próximos capítulos. Entretanto, o nascimento da Inteligência Suprema, Universal e Única, ocorreu primeiro. *Tudo o que existe* saiu gradativamente do "nada" para tornar-se "tudo" em existência. Essa longuíssima progressão ocorreu no tempo linear. Até então, conforme a explicação que será dada no Capítulo 25, O tempo congelado: o eterno agora, a *Inteligência Suprema* nunca havia tido a companhia de outras da mesma espécie. Nunca havia sido possível antes, visto que, não importando onde Ela sonhasse ou projetasse uma porção de Si mesma, aquele pedaço de reflexo no espelho era sempre um clone seu. Ela sabia o que sabia o pai sonhador, de modo que nada de novo ou de único poderia sair dali. Seria exatamente como você falando consigo mesmo. Como poderia, alguma vez, você abraçar-se e tocar-se, ou mesmo surpreender-se ou deliciar-se, como se você fosse um novo companheiro ou um novo ser amado na sua vida? Isso é simplesmente impossível!

Felizmente para nós, a *Inteligência Suprema* aperfeiçoou incontáveis configurações da criação de universos após universos até que todas as possibilidades fossem conhecidas e exploradas e, logo, redobradas no vácuo, apagando cada vestígio do eu para recomeçar todo o processo outras e outras vezes. Finalmente, o conhecimento de como puxá-la para fora lhe veio nesse desdobramento universal! A resposta foi escondida ou encerrada no *tempo linear* e no *tempo instantâneo* simultaneamente. Por isso mesmo, vamos tratar deles agora.

CAPÍTULO 24

O TEMPO LINEAR

Qualquer pessoa pode entender com facilidade o que é *tempo linear*. Essencialmente, é um "rito de passagem" — a repetição da orbitação ou giro da Terra em torno do Sol, aparente e criteriosamente medido em ordem seqüencial de frações de segundos, minutos, horas, dias, meses, anos, décadas, séculos, milênios, etc. Os "antigos" chegaram a mapear o giro da nossa galáxia ao redor de um "Sol central" e mediram imensas quantidades de tempo que se movia para trás e para a frente de períodos de luz até períodos de trevas.

A natureza do holograma, que tem um aspecto denso e um aspecto pouco consistente, determina o lado de sombra ou o lado de luz de um acontecimento que se situa no espaço/tempo. A nossa posição de sono mais profundo produz o holograma mais forte e mais denso. A posição de sono mais superficial produz o holograma menos denso e mais fino. Há mais luz e, portanto, mais lucidez para qualquer período de tempo imerso na extremidade densa do holograma. Os aparentes períodos escuros do tempo ocorrem quando o holograma é mais fino e a lucidez diminui. De modo que uma ciência exata mostra como e por que nossos séculos escuros e claros se alternam ciclicamente na Terra.

O desenvolvimento da Inteligência Suprema deu-se através do que denominamos *tempo linear*, como aconteceu com a inteligência dos eus das entidades de luz. *A experiência acumulada, unida à autopercepção, propaga naturalmente uma sabedoria cada vez maior.* Razão por que só depois de um sem-número de desdobramentos e redobramentos seqüenciais de auto-expansão ou crescimento universal a *Inteligência Universal Suprema e Única* compreende afinal que o segredo do congelamento do tempo — ou da criação simultânea de tempo em toda a parte sincronicamente — lhe permitiria imprimir todo o seu grande saber em nós neste universo *particular*.

De certo ponto de vista, o *tempo linear* tal qual o compreendemos é o nosso melhor amigo, pois impede que nos destruamos através da nossa mente. No tempo instantâneo ou no *Eterno Agora,* cada um dos nossos pensamentos criativos torna-se uma realidade física imediata. Se não gostarmos do nosso corpo físico, podemos destruí-lo *ali mesmo* por meio de um pensamento, como, por exemplo, desejar ter um corpo diferente. Toda a criatividade *ali* é um momentâneo pensar/fazer, pensar/fazer, pensar/fazer com a velocidade do pensamento. A nossa "defasagem no tempo" *aqui* nos protege.

Por outro lado, nossa constante preocupação e

concentração no tempo é o nosso pior inimigo. **Para graduar-nos, precisamos aprender a sair do tempo com segurança,** por alguns momentos, para começar, depois, por períodos cada vez mais longos de não-tempo.

Estamos sendo treinados para navegar consciente e intencionalmente não só no tempo linear mas também no tempo instantâneo, em toda parte! Quando nos graduarmos no nosso aprendizado na Terra, seremos capazes de viajar para qualquer lugar — para a frente ou para trás, no tempo linear, e para os lados e/ou para os lados e multidimensionalmente para toda a parte — em qualquer universo que escolhermos no *Agora Eterno*.

O tempo linear é experimentado pessoalmente de modo diferente por cada um de nós. Para alguns, cinco minutos dão a impressão de passar como um relâmpago, num breve instante, ao passo que, para outros, parecem arrastar-se por longas horas. Nossas atitudes psicológicas influem no modo como lidamos com o tempo. Quando antecipamos conscientemente alguma coisa para experimentá-la e focalizá-la, os dias ou horas parecem durar para sempre. Entretanto, se nos concentrarmos em gozar de alguma outra coisa nesse ínterim, o tempo correrá ao encontro do dia antecipado com velocidade incrível. Você se surpreenderá imaginando para onde foi o tempo!

O menor exercício que podemos fazer agora é viver completamente o presente, o tempo todo! Isso centraliza a nossa percepção e ajuda nossos corpos a descansar, de modo que nossa mente se torna capaz de explorar todo acontecimento com grande plenitude de sentimento e paixão.

Por sermos naturalmente sonhadores, tendemos a vagar mentalmente tanto de volta ao passado como para a frente, em direção ao futuro, muitas vezes no mesmo dia. Nosso corpo, "preso" como está na realidade física plana, não pode correr conosco para trás e para a frente, através do tempo, assim tão depressa. Ele só pode viajar à velocidade da luz de que foi feito, ao passo que nós viajamos à velocidade do pensamento, que é instantâneo. Nosso corpo nos ama e quer agradar-nos, de modo que tenta manter-se ao nosso lado, mas não o consegue. Conseqüentemente, mantém-se num estado de desordem e estresse na tentativa de conservar-se conosco enquanto viajamos através do tempo. O que faz que ele se desgaste e envelheça prematuramente.

> Entretanto, enquanto vive, deliberada e plenamente em cada momento sucessivo, você está no corpo. Seu corpo sabe que você está com ele e é capaz de relaxar e cuidar dos negócios que estão à mão, sem estresse e preocupações indevidas. **Faça, portanto, tudo o que fizer, de dia ou de noite, com tanta "presença no momento" quanto lhe for possível e logo se tornará senhor supremo do seu destino.** Você precisa aprender a dominar o *tempo linear*, assim como

dominar sua capacidade de navegar através do tempo instantâneo sempre e em toda a parte. Cada momento ou prova de autodomínio nos vem no devido tempo.

É interessante observar um último aspecto acerca do *tempo linear*. Dentre os bilhões de universos existentes, o nosso é tido como um dos mais novos. Entretanto, o tempo que esteve por aí assusta e abala nossa mente e nossos sentidos e é totalmente incompreensível para nós.

Para conceber essa duração, ser-nos-ia necessário enfileirar zeros de máquinas de escrever numa distância de pelo menos cem metros ou que abranja o comprimento de um campo de futebol e, a seguir, colocar o número 35 na frente! Esse é o número mais aproximado a que podemos chegar na contagem dos anos em que este nosso jovem universo já existe. Agora você sabe por que ou como a *Inteligência Suprema* pôde se formar, e se formou, no decorrer desses infindáveis éons.

CAPÍTULO 25

O TEMPO CONGELADO: O AGORA ETERNO

Você, com certeza, não terá dificuldade para compreender o significado de *Tempo Congelado.* Afinal de contas, uma mente aberta pode entender qualquer coisa ou tudo. A maneira mais fácil de fazê-lo é pensar no tempo como se fosse uma partícula ou onda.

A partícula mais veloz do universo move-se ou vibra ao ritmo de mil quatrilionésimos de segundo. Este é o comprimento de onda absoluto mais curto do nosso mundo. É também o primeiro e principal comprimento de onda universal.

Examinemos agora o tempo sob três perspectivas muito reais:

1. Não-tempo (do qual advieram todas as formas de tempo)
2. Tempo linear (o espaço de tempo desde o desdobramento e o redobramento)
3. O Agora Eterno (tempo congelado para ser o mesmo em toda parte simultaneamente).

A *Inteligência Suprema Universal* não evoluiu a partir do *não-tempo* somente para fazer cada um dos seres da entidade de luz, incluindo você e eu. Esse é o ponto de equilíbrio do zero universal absoluto, do qual viemos e ao qual voltaremos com plena percepção a fim de graduar-nos como entidade individualizada plenamente amadurecida igual à *Inteligência Suprema Universal,* que nos concedeu com tanto amor a dádiva da centelha de vida. No devido tempo sairemos do *Tempo Linear* e até mesmo do *Agora Eterno!*

Primeiro, aprenderemos a dar passos miúdos, depois passos cada vez mais largos para fora do tempo convencional e para dentro do tempo instantâneo; e, a seguir, quando nossas noções de navegação tiverem sido bem assimiladas, seremos capazes de sair conscientemente do não-tempo e voltar para ele sem perder a autopercepção e a identidade própria no processo. A percepção, como agora sabemos, é tão-somente um produto dessa realidade de sonho, e não irá conosco quando a deixarmos. Ela só foi necessária para desenvolver o nosso sentido individual de autopercepção. No degrau terreno seguinte do nosso desdobramento, chamado *Degrau Mágico*, passaremos inteiramente da percepção para a inteligência, para o conhecimento puro acerca de si mesmo e de tudo o mais. Você não precisará mais provar coisa alguma a quem quer que seja, nem sequer a si próprio.

O tempo simultâneo poderá ser entendido com maior clareza se você souber e compreender que a mais longa onda universal de aparentes quatrilhões de anos leva o mesmo tempo que a mais curta para desdobrar-se e redobrar-se — *um quadrilionésimo de segundo.* Isso produz um tempo do agora eterno em toda parte ao mesmo tempo, visto que a entidade mais antiga e a mais nova, e todas as outras entidades cíclicas existentes entre elas, levam exatamente o mesmo tempo do princípio ao fim. O universo inteiro se desdobra e redobra *num quadrilionésimo de segundo*. Em virtude, porém, da onda longa, para nós, que estamos em forma humana (ou o ciclo de 35.000 anos), isso parece durar para sempre — assim como nossa vida deve parecer sempre um átomo do nosso corpo para uma partícula no interior do átomo. Mas só parece ao observador, encerrado num dos mais curtos ou mais longos ciclos de onda, que existe uma longuíssima eternidade de tempo cercando-o e desmoronando ao seu redor.

Pense nisso agora. Quando todas as ondas — curtas, longas e médias, todas universais — se movem para dentro e para fora, ou se acendem e apagam, no mesmo momento ou na mesma seqüência de tempo de amplitude universal, do princípio ao fim, o tempo terá de ser simultâneo, ainda que o *tempo linear* seja observado e registrado pelo ciclo curto de vida no meio de uma série de ciclos longos.

A *Inteligência Suprema* compreendeu finalmente que a única forma de criar outra inteligência suprema igual, incorporando-a, consistia em retroceder através da sua longa evolução até onde ela emergiu do "nada" — levando de volta consigo esse mesmo conhecimento e essa mesma memória e imprimindo-os em nós durante o percurso — em cada onda, partícula e célula do nosso ser. Tudo o que estava em evolução foi então suprimido à proporção que se movia de volta ao não-tempo ... e ao nada ou vazio.

Desta feita, no entanto, pela primeira vez no renascimento a partir do não-tempo e do nada, ela seria gerada simultaneamente em toda parte nos preciosos pedaços e fragmentos de *Si Mesma* (incluindo você e eu). Ela continuaria sendo *Ela Mesma*, mas, virtualmente, miríades de Ela Mesma. Aí é que a nossa natureza simultânea e o nosso tempo simultâneo existem deveras — já no nosso íntimo, ao alcance da nossa percepção!

Esse nascimento iminente, descrito com pormenores no meu livro *The Birth of Earth Star* é, com efeito, o primeiro nascimento físico de toda a existência! Antes disso, todas as "realidades" não passavam de sonhos no interior do *Grande Sonhador*. Assim como a partícula "em" transmite o significado de *no interior*, a partícula "ex" transmite o significado de *no exterior*. Em vez de estar limitado a uma vida no interior do sonho, agora tanto o *Criador* quanto o *Criado* terão nascido, pela primeira vez, num verdadeiro mundo *exterior*. Aí, naturalmente, ainda podemos ter nossos sonhos e seguir quaisquer caminhos lineares no tempo, assim como o que tivermos escolhido.

Ao mesmo tempo, você, eu e todas as ondas e partículas deste universo somos a garantia absoluta de que, se o nascimento não tivesse ocorrido como planejado, a *Inteligência Suprema Universal* poderia ler as lembranças impressas em nós quando *Ela* despertasse de novo e voltasse no tempo a fim de recriar o mundo para o qual evoluíra, com o tamanho e a densidade aterradoras que Ela sonhara existir antes (primeiro).

CAPÍTULO 26

O NASCIMENTO DO EU COMO ENTIDADE DE LUZ

No centro absoluto ou no âmago do nosso ser, você e eu somos *eus de uma entidade de luz.* Todos começamos nossa estada saídos do nada ou do vazio. Nossa percepção cresceu à medida que nos congregamos em pacotes de luminosidade, da mesma maneira que a *Inteligência Suprema* bateu nas paredes do pacote de ondas que a cercava e, finalmente, registrou essa sensação.

Do mesmo modo, depois de ficarmos sabendo que existíamos e éramos sensíveis aos impactos e contusões do caótico e fustigador *não-eu* à nossa volta, juntamos nossos eus numa minúscula partícula de luz com identidade e inteligência crescentes. Chama-se inteligência a capacidade de dar padrões ordenados à sua realidade. Você pensa quando delibera sobre alguma coisa. Você pensa nessa coisa. Pensar é fazer algo. O pensar começou quando, pela primeira vez, nos demos conta de que existíamos e tínhamos uma identidade própria. A princípio, não tínhamos domínio algum sobre o nosso "corpo" ou pacote de luz, visto que não possuíamos, então, nenhuma atividade neural organizada. O máximo que podíamos fazer era movernos de forma convulsiva, fugindo das "descargas" a esmo de neurônios, até que nos tornamos mais coerentes e se estabeleceu uma clara integridade própria à medida que se formaram gânglios nervosos mais complexos. E pouco a pouco fomos aprendendo a pensar e a fazer.

No transcorrer de longos éons se desenvolveram mais nascimentos de universos e novos seres das entidades de luz, como você e eu. Desempenhamos o mesmo papel no grande corpo universal da *Inteligência Suprema*, como fazem os neurônios e átomos no nosso próprio corpo, ora humano. Os seres da entidade de luz em desenvolvimento no universo equivalem aos neurônios que davam descargas no sistema nervoso humano, com uma exceção: eles representavam universalmente o poder de fogo do pensamento da *Inteligência Suprema.*

A principal diferença agora, enquanto estamos incorporados ao estado de sonho, é que não podemos pensar — nós *fazemos.* A mente do sonhador está encarregada do pensamento, e os neurônios ativos dão descargas e sonham. Nós somos os neurônios que atiram no cérebro dele. Nós apenas fazemos!

Inversamente, na área de sonho que adotamos, as estruturas do átomo não podem fazer — *elas pensam.* São elas as construtoras ativas. Sua tarefa consiste em colocar os blocos de construção em seqüência — um depois do outro.

Na literatura do Extremo Oriente eles são conhecidos como *elementais* e *devas*! Sua evolução segue uma corrente diversa.

Existem bilhões e bilhões de vastos universos habitados por uma variedade de formas diferentes de entidades de luz, sonhadas para levar uma existência viva, como nós. Muitos antigos têm imensos bancos de conhecimento universal, de personalidades e sabedoria acumulados no decorrer dos éons. Todos operam na base do pensar/fazer, na realidade do não-tempo. Essa capacidade do pensar/fazer instantâneo é também nossa herança e será a nossa realidade outra vez quando tivermos concluído a escola terrena neste sonho. Esse momento grandioso no tempo está convergindo rapidamente para nós!

Como você já sabe muito bem, trata-se de um grande desafio para você e para mim, como eus da entidade de luz, arrefecer nosso ritmo vibratório e fundir nossa identidade própria com esses corpos físicos de baixa freqüência, mergulhados e presos no tempo. Uma parte de cada um de nós sabe que podemos mover-nos à velocidade da luz e alçar-nos a outros universos à vontade, mas nossos corpos físicos nos mantêm fortemente aprisionados. Apesar disso, aprendemos muita coisa com nossos corpos humanos.

A beleza dessa grandiosa aventura humana é que, quando ela se completar, seremos capazes de criar partículas e formas moleculares atômicas livremente em quaisquer outros universos que decidirmos explorar — o que nunca foi feito até agora por nenhum eu de alguma entidade de luz —, de modo que o tempo que estamos usando para aprender esse ofício é bem aproveitado. Encontramo-nos francamente a caminho de um autodesenvolvimento e uma auto-realização incríveis, que serão grandemente invejadas pelos antigos sonhadores e eus de entidades de luz que ainda não entregaram suas identidades próprias a este cansativo curso da Terra. O grande domínio de si mesmo que o espírito de vocês ambiciona há tanto tempo está ali pertinho. **O desejo** e o ato de adquirir o maior autoconhecimento possível **apressam cada vez mais esse tremendo acontecimento!**

CAPÍTULO 27

O NASCIMENTO DE DEUS

A princípio, o conceito de um supremo soberano do mundo era positivo. Devido a uma grande ignorância e superstição, a palavra "Deus", e a idéia que ela implica foram profanadas, da mesma forma que o nosso conceito da palavra "amor", atualmente mal compreendida e profanada. Deus logo se tornou o instrumento por cujo intermédio os soberanos e "sumos-sacerdotes" autonomeados governavam a humanidade. Deus foi criado pelo homem. O homem criou Deus; Deus não criou o homem!

Pense nisso com profundidade. A princípio não havia nada, apenas um vazio, cujo movimento e cujas ondas produziram a luminosidade ou a luz negra e a luz branca. Finalmente, a luz adquiriu autopercepção, auto-inteligência e identidade própria. À proporção que essas incontáveis configurações de entidades de luz cresceram em percepção e mobilidade próprias, fundiram-se umas nas outras e formaram o cérebro coesivo universal, a partir do qual cresceu a *Inteligência Universal Suprema e Única.* À medida que a *Inteligência*

Suprema ganhou identidade própria, vida universal e integridade, pôs-se a sonhar e, dessa maneira, criou uma corrente constante no tempo linear de universos sem conta que se desdobravam com formas de vida inteligente dentro deles. Tais foram os sonhos dentro dos sonhos e os sonhadores dentro dos sonhadores pelos quais nosso próprio e recente pai sonhador e nosso próprio sonho universal foram danificados.

Nós, eus da entidade de luz, encerrados no sonho danificado, fomos resgatados e implantados no nosso universo atual de estrutura física subatômica e atômica.

Através da longa progressão do tempo linear, nós, sonhadores em forma humana sobre a Terra, que morriam fisicamente, precisávamos de um lugar para onde pudéssemos ir nos intervalos entre os inúmeros ciclos de vida/morte/vida da encarnação humana. Um vez que a nossa vibração havia sido diminuída quando fundimos a identidade com a massa física, não podíamos voltar ao estado de sonho lúcido e puro na mente do nosso sonhador. Por conseguinte, a *Zona Morta*, dividida em muitas localidades, de acordo com a medida vibratória dos falecidos dentro delas, foi instalada como câmara de incubação, ou como ventre protetor em que pudéssemos viver e crescer no meio dos ciclos de encarnação.

Entretanto, certas entidades no princípio do jogo compreenderam que poderiam prolongar a estada normal de sete a quarenta anos na *Zona Morta* para um espaço de tempo ilimitado, alimentando as emoções dos falecidos entre eles e de sua família viva de volta à Terra física, que lhes chorava a morte ou a passagem dessa realidade tridimensional.

Essas entidades vampirescas na *Zona Morta* desenvolviam sua arte de colher e sobreviver, alheias às emoções dos vivos e dos mortos, e formaram, aos poucos, uma imensa hierarquia de "pseudoDeuses" dos quais Jeová e outros invocados na Terra, no correr dos séculos, eram reflexos ou realidades especulares. Essas entidades inescrupulosas aprenderam a retirar ou arrancar a maior parte da nossa identidade própria todas as vezes que morríamos e ingressávamos em seu território na *Zona Morta*. Por conseguinte, em vez de nos lembrarmos de quem ou do que éramos por ocasião do nosso renascimento numa estrutura atômica, tivemos de começar tudo de novo, desde o princípio — na maior parte dos dez milhões de anos do nosso desenvolvimento humano sobre a Terra em forma física.

Pouco a pouco, no decorrer das gerações, a lembrança da nossa grande herança como eus de uma entidade de luz se perdeu e nos tornamos primitivos e supersticiosos. Nesse estado de ignorância olhávamos, fosse como fosse, para o vasto firmamento constelado de estrelas, para o nosso Sol e para nossa Lua, e sentíamos fortemente que alguma espécie de inteligência suprema mantinha unida toda essa tremenda criatividade. Invocou-se o conceito de um Deus, o qual, *em seguida, foi criado pelo homem*! Esse conceito original, corrompido por influência dos cidadãos da *Zona Morta*, construído e afastado da *Inteligência Suprema in-*

condicionada, afetuoso e amável, extremamente poderoso e totalmente incondicionado, foi levado aos muito irados e muito *condicionados* pseudodeuses, como Jeová.

Eu lhes asseguro que não existe nada a temer de qualquer um desses muito altos e poderosos pseudodeuses da *Zona Morta*, aos quais se refere a nossa Bíblia, depois que você traz o amor-próprio, o conhecimento próprio e o júbilo próprio para a sua vida cotidiana consciente. Não existe nenhum Deus e nenhum demônio que se possa temer! Você e eu os criamos! Como poderão eles ser maiores do que eu criador? Ao mesmo tempo, a *Inteligência Suprema* é completamente incondicionada e permissiva. Por que haveria alguém de temê-la?

Saia do medo, saia da ignorância e continue a buscar conhecimento próprio, confiança em si e paixão e amor genuínos para manter a sua vida boa! Deixe esse Deus desafetuoso e todos os irmãos e irmãs ignorantes em forma humana, que se auto-elegeram e tentam incutir uma idéia tão limitada e tortuosa a respeito da grande e incondicionalmente amorosa *Inteligência Suprema e Única.*

As verdadeiras gerações da criação desdobraram-se da seguinte maneira:

A. Primeiro veio a *Inteligência Suprema.*
B. Depois veio o eu da entidade de luz, nascido como homem e mulher sobre a Terra.
C. Em seguida, veio a criação ou nascimento da

mente de homens e mulheres supersticiosos da pseudo-imagem do espelho, ora conhecida como Deus.

Esse pseudoDeus vive e governa os habitantes da *Zona Morta*, que deram e continuam dando seu poder a ele. Esse Deus já está se desintegrando rapidamente à proporção que mais e mais seres iluminados sobre a Terra, ou que estão entrando na *Zona Morta*, se recusam a dar-lhe algo mais de sua preciosa substância de vida.

O homem concebeu Deus graças à crença e à ignorância infantis, mas finalmente acabará adquirindo conhecimento e deixará para trás essa ignorância pueril; dessa forma Deus não limitará mais nem criará medo no homem. Assim seja.

CAPÍTULO 28

ESPELHO, ESPELHO MEU

O "mais belo", é lógico, é aquele que olha para o espelho — principalmente depois que você tiver lido este volume e compreendido o princípio universal do espelho — usando-o como um "detonador" de autosugestão todas as vezes que vir um reflexo especular de qualquer espécie! Depois disso, cada espelho funcionará como uma "pedra de toque" pessoal da juventude eterna e da mais radiosa formosura do eu que você ousa sonhar.

Agora você vai se aproximar da *sala dos espelhos* a partir de outro exercício terapêutico igualmente válido:

- Entre na *sala dos espelhos* e sente-se.
- Observe a miríade dos seus reflexos estendendo-se até o infinito.
- Desta vez, depois que se tiver familiarizado com a desconcertante confusão de espelhos, *em vez de chamar para si os seus pedaços e fragmentos que estão com os outros,* peça ao pedaço ou fragmento que

você retém de seus pais que deixe o seu corpo e volte ao seu verdadeiro dono, o pai a que pertence.

- Enquanto ele faz isso, *sinta que ele enche o seu corpo de amor e de toda energia de cura que você pode dar-lhe* enquanto ele trabalha, quebra um espelho e volta ao pai verdadeiro.
- Siga exatamente o mesmo processo, começando com todos os membros mais chegados da sua família.
- Não deixe de incluir seus filhos, se você for pai.
- Continue a pedir ao pedaço de cada amigo, de cada parceiro sexual que você já teve algum dia e de todos os seus parceiros matrimoniais, passados e presentes, que saiam do seu campo e voltem ao dono original.
- É claro que você pode fazê-lo em função de categorias inteiras, se quiser, e, nesse caso, veja os muitos espelhos se partirem quando o fizer!
- Lembre-se de entrar no sonho e também em outras dimensões, nesse processo de autolimpeza.
- Remeta seus pedaços de volta para quaisquer dimensões ou países nos quais você tenha navegado, tanto mental como fisicamente.

Depois que tiver explorado todas as áreas de consciência mental e física que puder imaginar, lembre-se de proceder ao *grand finale:*

- Faça sair do seu corpo cada fragmento ou pedaço que ainda esteja apegado ao corpo físico e ao campo mental.

- Quando todos os espelhos se tiverem quebrado e cascateado em torno de você, *observe cada arremetida ou sensação de maior clareza mental e de auto-integridade física* que seu corpo e sua mente registram.
- Em seguida, levante-se, saia da *sala dos espelhos* e volte à sua consciência física presente ou *de agora*.
- *Para o seu cérebro, este é o sinal de que você completou o exercício* — de que saiu da *sala dos espelhos* e de que vai prosseguir com sua próxima obrigação na vida.

Quando faz o exercício do espelho de maneira invertida, **é muito importante que você saia da sala dos espelhos.** Caso contrário, continuará a programá-lo sem conhecê-lo e poderá colocar uma série de programas negativos que terá de confrontar sem necessidade. **Seu cérebro não distingue diferença alguma entre a realidade mental e a física, de modo que você precisa dar-lhe a mensagem de que completou a terapia e agora está de volta ao corpo físico!**

Você descobrirá também muito cedo neste exercício que pode manifestar uma tendência para agarrar-se a certos pedaços, já que parece ter investido tanto neles. É muito mais fácil chamar de volta os seus pedaços do que mandar pedaços de si mesmo, visto que sua mente pensante presume que você se diminui quando **cada pedaço volta ao verdadeiro dono**. Ao passo que, pelo contrário, com cada pedaço que você libera, você não somente se livra dessa bagagem adicional, que carrega diariamente, mas também **reforça e solidifica o ser que você de fato é**. Sua falsa identidade e as enganosas suposições de que você precisa agir ou reagir de determinadas maneiras — muito condicionalmente — em relação aos outros desaparecerão quando você mandar embora todos os pedaços alheios ligados a você ou chamar de volta os seus pedaços retidos por tantos outros. **Sua integridade restaura-se então, plenamente!**

Que todo e qualquer espelho na parede, seja lá onde for, aja agora como um catalisador para que você recupere sua integridade própria, melhorada ou plena, e o seu constante bem-estar por todo o restante de seus belos dias sobre a Terra.

Espelho, espelho meu, existe alguém mais belo do que eu? Com esta terapia da "*sala dos espelhos*", será **você** o mais belo de todos!

CAPÍTULO 29

A IMAGEM ESPECULAR: A ALMA GÊMEA

Este volume não estaria completo sem, pelo menos, uma referência à mais encantadora e a ardentemente desejada imagem especular de todas — a de uma *alma gêmea!*

O meu maior sucesso de livraria, durante algum tempo, *Finding Your Soulmate,** e o meu livro recente que se destina a acompanhá-lo, *The Soulmate Book for Gays and Lesbians* [O livro da alma gêmea para gays e lésbicas], abordam extensivamente o conceito da imagem da alma gêmea, assim como o modo de usar a técnica neles descrita para trazer à sua vida o seu delicioso e afetuoso amante especular e o seu querido e íntimo companheiro. **As almas gêmeas espelham-se umas às outras e se ajudam entre si a crescer a velocidades fenomenais.** Tanto as forças ocultas como as ocultas fraquezas são rapidamente espelhadas para ambos.

---

* *Como Encontrar sua Alma Gêmea,* publicado pela Editora Pensamento, São Paulo, 1995.

Não é fácil esconder quem e o que você é da sua alma gêmea, visto que ela o conhece melhor do que qualquer outra pessoa. Esta é uma vantagem definida, pois lhe permite ver aquilo que você, de outro modo, teria dispensado sem um exame mais sério. Você só pode dirigir-se ao que o aflige se souber que alguma coisa necessita de sua afetuosa atenção. As almas gêmeas provocam reciprocamente uma rápida conscientização do que cada uma reflete para a outra. Elas foram arrastadas juntas a um relacionamento apaixonado de amor porque vibram ou ressoam da mesma maneira, ou compartilham das próprias simpatias ou antipatias pela maioria das coisas.

Imagine a alegria e o êxtase que seu corpo e sua mente experimentarão quando esse *alguém especial* que você desejou com tanto ardor aparecer efetivamente na sua realidade e o amar tanto quanto você o ama!

Outra vantagem incrível é que, por vocês se conhecerem tão bem, é fácil ser você mesmo quando os dois estão juntos. Você pode ser tão íntimo e aberto quanto quiser sem se sentir ameaçado por essa autoexposição. A vulnerabilidade que pode sentir em relação aos outros desaparece quando está com alguém que o espelha. Isso proporciona a ambos uma feliz liberdade de expressão!

Se você estiver pronto para conviver com a sua alma gêmea, permita-me sugerir-lhe que leia um dos meus livros, a fim de fazer uso das técnicas claramente pormenorizadas neles para você. Praticando os exercícios da *sala dos espelhos* para assegurar sua grande integridade pessoal, você dará de presente à sua alma gêmea alguém muito especial mesmo. O efeito especular também estará "trabalhando" naturalmente, e aquele belo ser que se move, jubiloso, e penetra no seu espaço lhe dará o amor pelo qual você ansiava em seus sonhos mais gloriosos. Por causa do efeito universal do espelho, você recebe de volta o que dá — por isso mesmo dê-lhe o que você tem de melhor!

CAPÍTULO 30

ACORDE DO SONHO

Existem dois passos principais importantes que você e eu temos de dar para podermos graduar-nos nessa experiência do sonho terreno:

- **Primeiro,** precisamos despertar do sonho;
- **Segundo,** precisamos sair dele com plena consciência.

Alguns de nós o faremos individualmente antes que a nossa iminente e tremenda ascensão em massa dos nascidos na Terra se verifique no tempo linear. Nesse caso, como todo o resto dos grandes *mestres* conhecidos e desconhecidos, que já deram esses dois passos importantes, precisamos esperar nos bastidores do nosso grande "palco terreno" até que ocorra o grandioso nascimento em massa na Terra, como o de uma grande estrela. **Ninguém pode deixar de interessar-se por esse sonho universal**. Ele terá de ser executado de maneira bem-sucedida, e o será, quando todas as 144.000 entidades de luz originais, transportadas para dentro do sonho, despertarem e atingirem a "massa crítica", podendo todas sair juntas!

A primeira fase de orientação no sonho que "vivemos" na Terra denomina-se *Fase do Circo.* A essa altura, nossa vida é muito caótica, e **precisamos aprender a inserir espaços entre os acontecimentos e impor uma ordem inteligente à nossa vida.** Começamos, então, a acalmar a nossa realidade!

Nesse ponto, nós nos diplomamos na *Fase do Artista.* Finalmente, estamos aptos a executar a nossa tarefa com facilidade e destacar-nos como indivíduos manifestamente criativos. Aprendemos a dançar! Para nós, a vida já não está cheia de preocupações e estresses. Já não precisamos queimar os miolos para aprender a dança da vida. Nós nos acalmamos o suficiente para colocar nosso holograma sobre a estrutura atômica sem provocar uma excitação indevida dentro de nós mesmos e dos que nos rodeiam.

Começamos agora a criar novos passos de dança ao justapor-nos fluidamente à realidade atômica. Criamos minúsculos mosaicos que acabam crescendo e transformando-se em belas paisagens. Existe uma grande e maravilhosa sincronização entre nós como hologramas e os átomos que nos correspondem. *Estamos*, ao que parece, cada vez mais sincronizados e *precisamente no lugar certo na hora certa*.

A fase seguinte e última é a nossa *Fase do Mágico,* quando nossa mente se eleva acima do universo e temos a capacidade de empurrar átomos e permitir que eles nos empurrem. Nossos pedaços do eu alargam-se com a paisagem e tornam-se tão maciços que resumimos a paisagem inteira num universo dinâmico próprio, repetindo o processo muitas e muitas vezes. Uma grande quantidade de experiência cabe numa minúscula partícula do eu.

A certa altura, aprendemos a caminhar conscientemente, com toda a determinação no interior do holograma e, além dele, dentro do sonho. Ali, resumimos um pedaço do sonho e trazemo-lo de volta conosco à estrutura atômica. Podemos também entrar no sonho sem deixar ali um pedaço do nosso eu — manipulando o sonho, tirando-o de onde está e colocando-o criativamente de volta em nossa realidade física sem criar caos na estrutura atômica. Foi isso precisamente o que eu fiz quando tive pela segunda vez o sonho em que perdia os freios do carro e saltava do rochedo, precipitando-me morro abaixo e indo espatifar-me no abismo, onde eu encontrava a morte. Voltei ao sonho, convencido pela figura invisível mas de voz audível de um mágico auxiliar, refiz o roteiro do sonho e modifiquei o final para salvar a minha vida!*

Num determinado ponto da *Fase do Mágico*, você será dono de tamanha calma interior que poderá caminhar sobre brasas ardentes sem se queimar, ou caminhar através de paredes, se quiser, ou aparecer num corpo em outro lugar, à vontade, navegando conscientemente em dois lugares ao mesmo tempo. No Extremo Oriente, no Tibete e em outros países, pratica-

---

* Veja o Capítulo 4.

se a projeção consciente do corpo e se faz referência ao corpo extra, ou segundo corpo, chamando-lhe *maya-virupa*. *Maya* significa "imaginário", e *virupa,* "corpo".

Os sábios e videntes do antigo Egito, assim como os da Índia antiga e da Índia moderna e do Tibete, tiveram seus equivalentes na América do Norte e na América do Sul, como *feiticeiros* ou *xamãs*. Os aborígines da Austrália também têm os seus *caminhantes do sonho,* que podem entrar conscientemente em sonhos, quase à vontade.

Os mágicos foram cultivados em quase toda a Terra, no correr dos séculos, em todas as principais culturas. A mitologia está cheia de magia, e aqui se aplica muito bem o velho ditado que diz: "Onde há fumaça há fogo." A magia é muito real! Entretanto, não se trata da magia tal como é compreendida convencionalmente, uma vez que é uma *ciência da vida* muito natural e pura em que cada um de nós ingressa conscientemente em algum ponto do seu desdobramento evolutivo. *O Grande e Único Sonhador* sonhou-o, de modo que, acredite você ou não, pouco importa: é seu destino acabar adentrando pela *Fase do Mágico,* se é que já não está nela.

Nós trabalhamos nessas três fases simultaneamente; no entanto, sempre que você sai de uma fase importante para entrar em outra, há estágios iniciadores ou demarcatórios. Na fase final, você excluirá qualquer vestígio de caos na sua vida, pois estará finalmente desperto por inteiro, embora continue no sonho.

CAPÍTULO 31

GRADUAÇÃO: SAIA DO SONHO CONSCIENTEMENTE

Todo sonho é protegido ou reservado da mesma forma que os locais onde são instalados nossos modernos reatores nucleares. Isso o impede de ser surpreendido ou rompido antes que os personagens do sonho possam adquirir vida própria e amadurecer para a plena *Fase do Mágico*, ponto esse em que acontece a graduação e o poderoso mágico pode sair conscientemente do sonho.

Antes que o mágico possa levar a cabo sua separação final do sonho, põe-se a praticar a arte de sair do sonho e voltar a ele livremente. Enquanto está no sonho, mantém-se no estado de observador, sempre tomando o máximo cuidado para não excitar nem assustar o sonho com a sua presença. Todo aquele que se atreve a entrar num sonho ou *Fonte* de qualquer tipo terá de fazê-lo sem nenhuma função ativa de personalidade pois, de outro modo, perturbará o sonho e se perderá no caos do sonho ou da *Fonte* e será incapaz de voltar ao corpo físico. Essa é a razão por que também estamos protegidos e precisamos diplomarnos na *Fase do Mágico.* **Devemos experimentar e passar pela fase caótica ou fora de controle antes de sabermos sequer como manipular nossa consciência para descentralizar um sonho ou uma Fonte.** A descentralização é o exato oposto da muito ativa e volátil concentração mental. É um estado de calma absoluta que permite à consciência do eu cair discretamente no estado de sonho, ou numa *Fonte* ou em qualquer um dos muitos estados multidimensionais ou paralelos da realidade.

Isso requer conhecimento consciente, intenção consciente e uma longa prática consciente antes de se tornar possível a arte da descentralização e do automovimento sem esforço para outras dimensões. Ao mesmo tempo, durante nossa progressão natural para a frente na evolução, viajamos inconscientemente para outras dimensões e, muitas vezes, somos monitorados por *Mágicos* que podem tirar-nos de dificuldades do outro lado do véu, como sucedeu na minha própria e assustadora experiência. Entretanto, nosso progresso para a frente se move a uma velocidade de jato quando, por intermédio do conhecimento, nos damos conta dessas fases e fazemos movimentos diários, de momento a momento, para dominar a nossa vida.

A certa altura, você saberá que "tudo se acabou", e se movimentará, com pleno conhecimento, para dentro da luz branca de todo o seu ser, sentindo-se abraçado pela rica luz negra primitiva da sua *Autodivindade,* quando sair, exultante do sonho.

SUA ALMA GÊMEA ESTÁ CHAMANDO

Michael

Este sentimento é geral

e não tem uma explicação

racional. Mas você sabe que

em algum lugar, neste exato

momento, alguém muito especial,

sua alma gêmea, espera e chama

por você. E você ouve, não sabe

como, uma mensagem que

na essência diz: "Onde está você?",

"Estou esperando por você",

"Eu quero você!"

EDITORA PENSAMENTO

COMO ENCONTRAR SUA ALMA GÊMEA

Michael

Em algum lugar deste mundo, temos alguém muito especial, nossa alma gêmea, pela qual todos ansiamos e sem a qual a vida parece perder grande parte do seu encanto. Segundo o autor de *Como Encontrar Sua Alma Gêmea*, não existe razão que justifique um "desencontro" nesse sentido. Para isso, baseando-se na unicidade do Universo e na lei segundo a qual "o semelhante atrai o semelhante", ele criou métodos simples, testados e comprovados por milhares de pessoas que, seguindo os seus conselhos, conseguiram encontrar o parceiro ideal.

Não há absolutamente nenhuma razão pela qual você ou qualquer outra pessoa precise ficar sem a sua alma gêmea. Lembre-se, tudo em toda a criação baseia-se no desejo. Deseje a sua alma gêmea, de acordo com as instruções dadas por Michael neste livro, e ela será sua. Primeiro, porém, você precisa saber o que quer. Uma vez aprendidas as técnicas para saber e visualizar o que quer, pode usá-las em todos os aspectos da sua vida - e não apenas para encontrar o seu parceiro ou parceira ideal.

EDITORA PENSAMENTO